U0085360

世紀人物100

王冠與品德

維多利亞女王

簡學舜 著

三民書局

獻給孩子們的禮物

世界上最幸福的孩子 ， 是他們一出生就有機

會接近故事書，想想看，那些書中的人物，不論古

今中外都來到了眼前，與他們相識，不僅分享了各個人物生活中的點滴，孩

子們的想像力也隨著書中的故事情節飛翔。

不論世界如何演變，科技如何發達，孩子一世幸福的起源，仍然來自於

父母的影響，如果每一個孩子都能從小在父母親的懷抱中，傾聽故事，共享

閱讀之樂，長大後養成了閱讀習慣，這將是一生中享用不盡的財富。

三民書局的劉振強董事長，想必也是一位深信讀書是人生最大財富的人，

在讀書人口往下滑落的多元化時代，他仍然堅信讀書的重要，近年來，更不

計成本，連續出版了特別為孩子們策劃的兒童文學叢書，從「文學家」、「藝

術家」、「音樂家」、「影響世界的人」系列到「童話小天地」、「第一次」系列，

至今已出版了近百本，這僅是由筆者主編出版的部分叢書而已，若包括其他

兒童詩集及套書，三民書局已出版不下千百種的兒童讀物。

劉董事長也時常感念著，在他困苦貧窮的青少年時期，是書使他堅強向

上，在社會普遍困苦，而生活簡陋的年代，也是書成了他最好的良伴，他希

望在他的有生之年，分享這份資產，讓下一代可以充分使用，讓親子共讀的

親情，源遠流長。

「世紀人物 100」系列早就在他的關切中構思著，希望能出版孩子們喜

歡而且一生難忘的好書。近年來筆者放下一切寫作，接下這份主編重任，並

結合海內外有心兒童文學的作者共同為下一代效力，正是感動於劉董事長對

力文化大業的真誠之心，更欣喜許多志同道合的朋友，能與我一起為孩子們寫書。

「世紀人物100」系列規劃出版一百位人物故事，中外各占五十人，包括了在歷史上有關文學、藝術、人文、政治與科學等各行各業有貢獻的人物故事，邀請國內外兒童文學領域專業的學者、作家同心協力編寫，費時多年，分梯次出版。在越來越多元化的世界中，每個人都有各自的才華與潛力，每個朝代也都有其可歌可泣的故事，但是在故事背後所具有的一個共同點，就是每個傳主在困苦中不屈不撓，令人難忘的經歷，這些經歷經由各作者用心博覽有關資料，再三推敲求證，再以文學之筆，寫出了有趣而感人的故事。

西諺有云：「世界因有各式各樣不同的人群，才更加多采多姿。」這套書就是以「人」的故事為主旨，不刻意美化傳主，以每一位傳主的生活經歷為主軸，深入描寫他們成長的環境、家庭教育與童年生活，深入探索是什麼因素造成了他們與眾不同？是什麼力量驅動了他們鍥而不捨的毅力？以日常生活中的小故事，來描繪出這些人物，為什麼能使夢想成真。為了引起小讀者的興趣，特別著重在各傳主的童年生活描述，希望能引起共鳴。尤其在閱讀這些作品時，能於心領神會中得到靈感。

和一般從外文翻譯出來的偉人傳記所不同的是，此套書的特色是，由熟悉兒童文學又關心教育的作者用心收集資料，用有趣的故事，融入知識，並以文學之筆，深入淺出寫出適合小朋友與大朋友閱讀的人物傳記。在探討每位人物的內在心理因素之餘，也希望讀者從閱讀中，能激勵出個人內在的潛力和夢想。我相信每個孩子在年少時都會發呆做夢，在他們發呆和做夢的同時，書是他們最私密的好友，在閱讀中，沒有批判和譏諷，卻可隨書中的主

人翁，海闊天空一起遨遊，或狂想或計畫，而成為心靈知交，不僅留下年少時，從閱讀中得到的神交良伴（一個回憶），如果能兩代共讀，讀後一起討論，綿綿相傳，留下共同回憶，何嘗不是一幅幸福的親子圖？

　　2006 年，我們升格成為祖字輩，有一位朋友提了滿滿兩袋的童書相送，一袋給新科父母，一袋給我們。老友是美國國家科學院院士，曾擔任過全美閱讀評估諮議委員，也是一位慈愛的好爺爺，深信閱讀對人生的重要。他很感性的說：「不要以為娃娃聽不懂故事，我的孫兒們一出生就聽我們唸故事書，長大後不僅愛讀書而且想像力豐富，尤其是文字表達能力特別強。」我完全同意，並欣然接受那兩袋最珍貴的禮物。

　　因為我們同樣都是愛讀書、也深得讀書之樂的人。

　　謹以此套「世紀人物 100」叢書送給所有愛讀書的孩子和家庭，以及我們的孫兒——石開文，他們都是世界上最幸福的孩子，因為從小有書為伴、與愛同行。

每年 8、9 月英國倫敦的白金漢宮例行對外開放，任何人都可以入內參觀。

2001 年 9 月我有幸進入白金漢宮，在它的王室畫廊中，一幅巨大的肖像畫吸引了我的目光。那是一幅維多利亞女王在加冕典禮當天的畫像。

畫中的維多利亞女王坐在寬大的君王寶座裡，兩手自然的放在扶手上，眼睛看著前方。她頭戴王冠，身穿金色禮服，上披暗紅色滾金邊的絲絨外袍，外袍寬大的下擺鋪滿了整張椅子。

年輕的維多利亞氣質高雅，輪廓分明，鵝蛋形的臉龐清秀端莊，眼神中流露出自信與興奮。

「在加冕的那一刻，她有著什麼樣的心思？」我的心中充滿了對她的好奇。

這次著手撰寫維多利亞女王的傳記，終於讓我有機會針對心中的好奇作深入的探究。

維多利亞女王的一生充滿了傳奇。她出生的時候，除了父親肯特公爵，誰都沒有料到她日後會成為女王。因為肯特公爵當時不過是國王喬治三世的第四個兒子，他的哥哥們個個健在，他的三哥還先他而娶了年輕的妻子。

但是命運的安排往往出人意料，王儲順位排在維多利亞前面的親人——她的父親、伯父，一個接著一個去世，她的堂姐、堂妹竟也一一夭折，等到她的三伯父威廉四世駕崩時，芳齡十八的維多利亞就順理成章的繼任成了英國女王。

維多利亞最應該感謝她的父母，因為她從小是個健康寶寶，不但體健而且長壽，比她的丈夫亞伯特王子整整多活了四十年。

維多利亞與亞伯特王子的婚姻有幸也有不幸。幸運的是維多利亞深愛亞伯特，與亞伯特結婚讓她覺得自己簡直是世界上最幸福的女人；她與亞伯特還生養了九個兒女，擁有一個非常美滿的家庭。不幸的是亞伯特英年早逝，以致她的後半生備感孤獨，泰半的歲月都在哀悼中度過。

維多利亞女王統治英國長達六十四年之久，締造大英帝國成為一個日不落國。在這段期間，她經歷了兩次共和革命及無數次民權運動的衝擊，卻能屹立不搖，不僅維繫住君主體制，最後還成了英國人民的精神表率。這全都該歸功於她良好的人格特質。

維多利亞未曾因坐擁極大的權勢財富而使人格變得糜爛腐化，她的誠實、儉樸、勤政、愛民等良好品德，不但影響了她的眾臣和子民，提升了整個英國社會的善良風氣，更讓她的美名流傳千古。

為維多利亞女王寫傳，對我來說，其實是一段寶貴而充實的經歷，不但滿足我一探究竟的強烈好奇心，英國豐富的宮廷歷史尤其令我著迷。

然而，維多利亞女王的時代跨越兩個世紀（1819～1901年），適逢歐洲巨變不斷的時期。在英國，她遇上超過二十次的政黨輪替；在國外，她更面臨英軍投入克里米亞戰爭和印度兵暴動事件，以及無數次（包括鴉片戰爭在內）的海外戰役。同期間，西方世界也迸發了一連串影響深遠的變革——工業革命、法國大革命、德國崛起、美國南北戰爭……，而維多利亞女王與這些大事全都息息相關。

因此，在寫作過程中，要如何將那些糾結複雜的背景與人物，以簡單明瞭的方式呈現，成了我最大的挑戰。

我要感謝簡宛女士對我的信任，給我這個為維多利亞女王作傳的機會；也要感謝我那遠在美國紐約長島圖書館工作的好友愛英，提供給我許多寶貴的參考資料；更要感謝我的家人，在我因專注寫作而生活秩序大亂之際，所給予的無限包容與貼心協助。

謹將此書獻給我正在讀國中的幼子傳瑞。在國外長大的他，雖然中文還不夠好，卻是我在下筆之時心中說故事的對象。

我希望傳瑞會喜歡此書，更希望所有的讀者都能因閱讀此書而受益，並能明白端正品德操守重於一切。

寫書的人

簡學舜

出生在一個充滿愛和書香的臺灣傳統大家庭。大學畢業後，她很順利的負笈美國取得碩士學位，接著返臺，先後在銘傳大學任教及在中華經濟研究院任職。

1983～2003 年，她隨夫旅居美、歐四國──美國、瑞典、拉脫維亞、英國，並育有三子，其間尚在美國創辦了一所中文學校，在拉脫維亞出了一本英、拉雙語文版《中華飲食藝術》。目前定居臺灣，以教學、寫作、推廣閱讀活動為樂。

王冠與品德

維多利亞女王

目次

世紀人物 100

維多利亞女王

1819~1901

1 序 幕

時間是 1838 年 6 月 24 日清晨四點鐘，地點是英國倫敦的肯辛頓宮。

十九歲的維多利亞公主在睡夢中被幾響巨大的砲聲驚醒。

「是誰這麼缺德，一大早鳴放大砲，擾人好夢！」公主心中正嘀咕著。猛一想:「唉呀！今天是自己加冕的日子呢！原來是英國皇家砲隊正在鳴砲慶賀，差點錯怪了他們。」

加冕典禮

想到加冕典禮，公主再也無法入睡。肯辛頓宮外吵雜的聲音越來越大，到了七點鐘，公主終於克制不住她的好奇心，下床跑到臥室的窗戶邊向外張望。這才發現一向安靜的海德公園早已擠

滿了民眾、士兵和樂隊。

　　懷著既興奮又緊張的心情，公主對侍女送來的早餐一點胃口也沒有。但是又想到加冕典禮至少得撐五個鐘頭，只好勉強吃了幾口。

　　又過了漫長的兩個鐘頭，比維多利亞大十三歲、同母異父的姐姐菲多娜公主才姍姍而來。

　　「姐，妳怎麼現在才來，我都快緊張死了。」維多利亞像是看到救兵一樣。

　　「別急，我先幫妳把禮服穿好。」菲多娜胸有成竹的說。

　　禮服有好幾層，先是綴滿金飾的白緞裡裙，上面一件配套外衣，外衣背面有許多華麗的皺褶，長長的垂到地上。最外面再穿上深紅色滾毛絨與金邊的絲絨長袍，腰部則繫上金色穗帶。

　　「好了！」菲多娜把鑲滿鑽石的頭飾戴在維多利亞頭上，便大

功告成。

　　鏡子裡出現一位頭戴華冠，身著錦衣的年輕女子。靈活的大眼，微紅的雙頰，整個人洋溢著少女的柔美和亮麗。

　　十點整，維多利亞公主踏入皇家馬車，坐在墊著長毛絨的椅子上。今天這張馬車椅還特地加高了些，好讓群眾可以看到個子嬌小的公主，公主也可以向群眾揮手致意。

　　載著公主的馬車出現在肯辛頓宮門口時，等候的群眾爆發出響亮的歡呼。

　　「哇！這麼多人！」維多利亞暗自心驚，緊張情緒益發高漲。

　　由肯辛頓宮到西敏寺*的路上，夾道人群熱烈的歡呼聲沒有止歇。

放大鏡

＊西敏寺　一座位於倫敦市中心的哥德式大教堂。這裡是歷代英國君王舉行加冕典禮的地點。

馬車在西敏寺前面停了下來。

「哇！好美！」維多利亞一走進西敏寺，立刻被眼前的景象所震懾。

教堂內部的裝潢與布置以金色與深紅色為主，顯得莊嚴華麗；石柱上掛著金紅兩色的旗幟與布縵，祭壇閃著金光；來賓身上穿戴的珠寶，被透窗而入的陽光照射得閃爍耀眼。

維多利亞深吸一口氣，緊握雙手，繼續往前走，最後停在祭壇的十字架前。

維多利亞以優雅的姿勢跪下來，在坎特貝瑞總主教（當時英國國教領袖）面前宣誓效忠英國國教：

「親愛的天父，感謝祢揀選我，讓我成為大英帝國的君王。我將竭盡所能，公平、公正的來治理祢所賜與的國度，並繼續支

持英國國教。」

坎特貝瑞總主教為她塗上聖油，宗教儀式完成。

接著，維多利亞退到寺內的聖愛德華小教堂，脫掉深紅色長袍與頭飾，換上一件華麗的銀色滾金邊的袍子。然後加冕典禮開始。

維多利亞坐在加冕椅上接受帝王禮服、王戒、王笏＊及象徵王權的寶石。最後總主教將代表王權與王座的王冠戴在維多利亞頭上。

加冕儀式完成，總主教向民眾介紹新君王。銀色號角響起，群眾爆發出一陣歡呼。

維多利亞女王兩眶含淚，雙頰泛紅，情緒非常激動。她頻頻揮手向人民致意，群眾的歡呼聲

放大鏡

＊王笏　即君王的權杖，象徵一國之君擁有的最高權勢和地位。

持續不斷……。

雖然累了一天，當天晚上，維多利亞仍像平時一樣，在日記上記下這一天中重要且精彩的片段。結尾時她寫道：「我將永遠記得今天這個日子，它是我生命中最驕傲的一天。」

的確，維多利亞有充分的理由為這個日子感到驕傲。因為它開啟了英國歷史上最強盛、最偉大的黃金時代——「維多利亞時代」的序幕。

夏洛特公主

如果不是因為維多利亞的堂姐夏洛特公主發生了悲劇，就沒有日後的維多利亞女王，而整個英國歷史也將改寫。

在 1816 年的時候，英國是一個非常富裕的國家，當時的國王喬治三世與王后夏洛蒂一共生了十五個兒女，但是只有七個兒子

與五個女兒存活下來。喬治三世因為生病，無法治理國家，由他的長子喬治當攝政王子。

喬治有一個美麗的女兒夏洛特公主，她的王儲順位僅次於攝政王子。夏洛特公主活潑、迷人，十分受英國人民喜愛。她在十八歲時與德國薩斯─哥堡＊的里爾博德王子結婚。里爾博德王子時年二十六歲，不但相貌英俊而且非常聰明。

公主結婚時舉國歡騰，足足慶祝了好幾天。然而十八個月後，即 1817 年 11 月 6 日，夏洛特公主卻因難產，在產下一個死胎之後死亡。頓時，全國哀慟，而英國王室更面臨嚴重的王儲危

放大鏡

＊薩斯─哥堡　拿破崙在滑鐵盧戰敗後，歐洲五大強國（普魯士、法國、奧地利、英國、俄國）的代表於 1815 年 11月在維也納簽定和平協議，重劃歐洲的國土疆界。在協議中德國被劃分成三十八個公國，薩斯─哥堡是其中的一個公國。

機＊。

當時喬治三世七個兒子的婚姻與子女的狀況大致如下：

長子攝政王子喬治 —— 唯一的女兒夏洛特公主死後，傷心欲絕，因而放縱自己暴飲暴食，造成身材過度肥胖變形。

攝政王子與妻子長期分居，為了子嗣也曾考慮離婚再娶，但是當時他已又老又胖，生出王儲的機會微乎其微。

次子約克公爵菲得列 —— 妻子為普魯士公主，兩人結婚多年，因長期分居，沒有任何兒女。

三子克里倫斯公爵威廉 —— 與女演員周登女士同居多年，育有許多兒女，但是皆不被英國王室承認。

四子肯特公爵愛德華 —— 與聖羅蘭女士同居了二十七年，兩人的關係不被英國王室承認。

五子甘伯蘭公爵厄尼斯特——長相醜，脾氣壞，人緣差，甚至還被懷疑謀殺自己的僕人。此時他剛與一位德國公主結婚，還沒有小孩。

六子蘇薩斯公爵奧古斯塔——有兩次婚姻與兩個小孩，但是都不被「王室婚姻條例」＊所承認。

七子劍橋公爵阿朵夫——喬治三世最年輕的兒子，尚未結婚。

＊英國的王位繼承是世襲的，由國王的長子繼承。如果國王的長子已死，則由其後嗣繼承；如果長子死亡而又無後代，就由次子或其後嗣繼承，依序類推；國王無男性後裔，便由長女或其後嗣繼承；若國王沒有子女，則由其弟繼承。

夏洛特公主去世之後，擁有繼承權的僅剩喬治四世的六個弟弟，而此時六位王子或年紀已長，或無子嗣或子嗣不受王室及國會承認。

＊**王室婚姻條例** 規定王子結婚在二十五歲之前要取得王室的許可，在二十五歲之後則要由國會批准。三位王子（克里倫斯公爵、肯特公爵、蘇薩斯公爵）的女友由於不是貴族，無法獲得王室或國會的同意，只好同居，且其婚姻與子女都不被承認。

肯特公爵愛德華

為了解決王儲問題，英國王室要求所有未婚的王子儘速婚配，並且以「提高生活津貼」的方式來獎勵結婚生子者。

因此在夏洛特公主死後的一年中，有兩位王子結婚了。他們是威廉王子和愛德華王子。

愛德華王子即喬治三世的四子肯特公爵，也是日後維多利亞女王的父親。肯特公爵時年五十，長得高大健壯。他眉毛濃密，前額微禿，頭髮油黑發亮，十分注重穿著。他年輕時曾在英國駐直布羅陀、加拿大及西印度的軍隊中服務。1820年直布羅陀守備兵暴動，他被派去鎮壓，卻因處置不當而被停職，軍旅生涯自此畫上句點。回到英國後，他忙著與舊情人聯絡、設計鐘錶和解決債務問題。

　　肯特公爵從十七歲還在軍校讀書的時候，就開始舉債度日。為了要維持心目中一個王子該有的生活方式，肯特公爵不計代價的過著奢華的生活，他的日常用品如家具、餐具、書籍、酒等等，都是非常昂貴的奢侈品。

　　為了王儲的目的，也為了獲得更高的生活津貼，肯特公爵拋棄同居多年的女友，與寡居的維多利亞公主結婚。

　　維多利亞公主是薩斯－哥堡公爵的女兒，也是里爾博德王子的姐姐。她在十七歲時嫁給法國摩賽＊的列寧根王子。法國大革命＊時，列寧根王子的領地摩賽被剝奪，法國政府另以法國南邊

放大鏡

＊**摩賽**　位於法國東北，與德國、盧森堡接壤之處。
＊**法國大革命**　1789～1799 年，乃是法國人民為了爭取民主、人權，推翻君主專制政體的一場革命運動。

一隅的阿模貝赫＊補償他。

1814 年，列寧根王子死了，留給她一兒一女和阿模貝赫的統治權。當里爾博德迎娶夏洛特公主時，就有人提議她與肯特公爵聯姻。當時她考慮到須撫養兩個小孩及管理阿模貝赫而拒絕了。待夏洛特公主去世之後，肯特公爵向她求婚，她因情況改變就答應了。

這時的維多利亞公主芳齡三十二歲，個子嬌小豐滿，有著棕色的眼睛、頭髮和粉紅的雙頰，個性爽朗，尤其喜歡說話。

肯特公爵與維多利亞公主結婚之後，並沒有解決他的財務困境＊。為了減少花費，他們搬到阿模貝赫住下來。

在又小又窮的阿模貝赫，肯特公爵鎮日無所事事，十分無聊。這時他想起駐直布羅陀時，那位有名的吉普賽女巫對他的預

言。她說:「你將經歷一段困頓的生活,但是你死的時候是幸福的……你的女兒將會是一位偉大的女王。」

肯特公爵對這預言深信不疑,也開始對自己的未來描繪出一幅幅的美景。

不久,肯特公爵夫人有了身孕。這時,肯特公爵又擔心:「如果孩子在外國出生,將來在王位繼承的合法性上很可能會受到質疑。」

為了萬全起見,肯特公爵決定搬回英國。然而由阿模貝赫到英國,必須橫越歐陸四百二十七英里,需要一筆不小的費用。

放大鏡

＊**阿模貝赫** 位於今日德國巴伐利亞省的西南一隅。19世紀初拿破崙大軍襲捲歐陸,曾占領巴伐利亞省,因此當時阿模貝赫是法國的領土。

＊對新婚王子增加津貼的提議,在議院遭到否決。後來肯特公爵的津貼雖獲得提高,卻只增加四千英鎊,與他預期的二萬五千英鎊差很多。

肯特公爵想到：「看在即將出世的王儲分上，英國王室必定樂於資助。」於是他寫信給攝政王子喬治，請求王室資助旅費。

沒想到，克里倫斯公爵的新婚妻子也懷孕了，他們未出世的孩子，王儲順位還在肯特公爵之前，因此肯特公爵以「一個即將出世的王儲」為由請求資助，自是無法奏效。此外，肯特公爵的人緣不好，他與每個兄弟都吵過架，與攝政王子尤其不睦，所以攝政王子對肯特公爵的要求反應冷淡，甚至暗示他不要將懷孕的妻子帶回英國。

不得已，肯特公爵只好到處找朋友借錢，他花了不少時間才湊足旅費。等到一家人終於回到英國，肯特公爵夫人已經懷孕八個月了。

礙於王室的禮遇條例，攝政王子只好在肯辛頓宮為肯特公爵

一家準備了幾個房間，讓他們暫時安頓下來。

維多利亞誕生

1819 年 5 月 24 日清晨四點十五分，肯特公爵夫人順利產下一個女嬰。

女嬰的出生並沒有引起太多注意。因為兩個月前，克里倫斯公爵夫人雅德麗也生了一個女兒，雖然女嬰一出世就夭折，但是雅德麗再生養兒女的可能性很大；此外，肯特公爵夫人也還年輕，如果她的第二胎是個兒子，小女嬰的王儲順位立刻會被取代。

肯特公爵有了一個健康的女兒後，攝政王子對他更加嫉妒。在嬰兒受洗暨命名典禮上，兩人的不合終於浮上檯面。

由於相信自己女兒會是未來的女王，肯特公爵有意盛大舉辦

女兒的受洗禮。但是攝政王子卻要求儀式簡化，並指定俄皇亞歷山大當女嬰的教父＊。

典禮進行中，坎特貝瑞主教問：「嬰兒以什麼名字受洗？」

未待肯特公爵開口，攝政王子搶先回答：「亞麗珊卓娜＊。」

「是……是否能再加一個名字？」肯特公爵壯著膽子提出來。

「當然！」攝政王子說。

「可以是伊麗莎白或是喬琪娜嗎？」肯特公爵終於說出他的想法。

「不妥。」攝政王子回答。

「可以是夏洛特或是奧古絲塔＊嗎？」肯特公爵退而求其次。

「不妥。」攝政王子回答。

「那……？」肯特公爵壓抑著

放大鏡

＊依傳統，英國王室在舉行王子或公主的受洗禮時，會邀請一位君王或公爵當嬰兒的教父。
＊這是女嬰的教父俄皇「亞歷山大」的女姓名。

怒氣。

　　抱著女嬰的坎特貝瑞主教不安的看看攝政王子，又看看肯特公爵，不知如何是好。

　　攝政王子停頓了好一會兒，終於說:「好吧，就讓她用母親的名字吧！但是不能放在俄皇的名字前面。」

　　女嬰最後以「亞麗珊卓娜・維多利亞」的名字受洗。這個結果令肯特公爵非常失望。

喬治四世即位

　　肯特公爵的家中雖然多了一個新成員，攝政王子仍然不願給他任何資助。為了節省開支，肯特公爵只好搬離生活費高昂的倫敦，在西得茅斯*的海邊，租了

　　　　＊伊麗莎白、喬琪娜、夏洛特、奧古絲塔是英國王室最傳統、最常用的公主名字。

　　＊西得茅斯　位於英格蘭西南沿海，是一個景色優美的度假小村。

一間小屋。

　　一家人搬到西得茅斯不久，就在維多利亞八個月大時，五十二歲的肯特公爵染上重感冒，不幸被醫師誤診，病情惡化轉成肺炎，竟致臥病不起。1820年1月23日，肯特公爵懷著未竟的夢想撒手人寰。

　　六天之後，英國王室又有一位重要成員病逝——英王喬治三世駕崩了。做了九年攝政的喬治王子繼位為王，是為喬治四世。這時，維多利亞公主的王儲排名，僅次於她的兩個伯父——二伯父和三伯父。

　　肯特公爵身後，除了堆積如山的債務外，什麼都沒留下。肯特公爵夫人連回倫敦的旅費都沒有著落。

　　這時她聽說克里倫斯公爵夫人又懷孕了，這代表維多利亞的王儲順位很快會被取代。那麼她

留在英國還有什麼意義？

可憐的寡婦，面對著不可知的未來，盤算著：「我為什麼還要住在一個陌生的國家，在一堆外國人之間，用不太流利的語言，去適應自己不懂的生活習慣呢？」

於是她得到一個結論：「還是回到我的阿模貝赫吧！至少那裡有我的同胞、朋友，我也可以在經濟無虞的環境下撫養我的女兒。」

一文不名的肯特公爵夫人正準備帶維多利亞和菲多娜＊離開英國，她的弟弟里爾博德王子趕來勸阻她。

里爾博德在愛妻夏洛特公主死後，仍住在英國的克里蔓＊，

放大鏡

＊公爵夫人搬到英國時只帶了女兒菲多娜。她的兒子查爾斯留在阿模貝赫，繼承父親爵位，統治該公國。

＊克里蔓　位於倫敦西南邊約二十英里，有很大的花園與山坡綠地，景色優美。

因此他十分瞭解姐姐的拮据情況。不過，他仍認為姐姐應該帶著孩子留在英國。他說：「維多利亞必須住在英國，否則她可能會喪失英國王儲的身分和權利。」

肯特公爵夫人其實是有企圖心的，當初她嫁給肯特公爵，原就是懷著「有朝一日自己的丈夫或兒女將坐上英國王座」的美夢。因此她很快的就接受了里爾博德的建議：「是的，我的女兒應該像一位英國公主般的被撫養長大。」

里爾博德不但幫姐姐一家搬回肯辛頓宮，還承諾一年給她三千英鎊，作為維多利亞的養育費及未來的教育費。

2 童年歲月

　　維多利亞的養育費及教育費雖然有了著落，肯特公爵留下的龐大債務以及肯辛頓宮的日常家用支出，仍令肯特公爵夫人傷透腦筋。她曾以「王儲監護人」的名義，向英國政府請求提高生活津貼，卻因為已有里爾博德的資助，被議會＊否決了。

不寬裕的童年

　　肯特公爵夫人轉而向約翰・康瑞上校尋求協助。

　　約翰・康瑞是肯特公爵生前在軍中服務時的部下，公爵對他頗為賞識，肯特公爵夫人也很信

＊英國國會分上院與下院。上院由世襲及加封之貴族、主教、社會賢達等組成，下院則由民選議員組成。本書中的議會概指國會下院。

任他。

　她說:「約翰・康瑞是愛德華生前最要好的朋友。他沒有因為愛德華死了而不理我們,他想盡辦法幫我解決困難。我很感激他,也很佩服他的能力。」

　康瑞其實是個很有野心的人。他看到肯特公爵夫人的困境,想到她女兒未來可能有的地位與權勢,心中竊喜:「這真是一個好機會!一旦我獲得公爵夫人的信任,便可以連帶操控公主。」

　孤單無助的肯特公爵夫人果然落入康瑞的圈套,毫無保留的相信他,甚至延聘他到肯辛頓宮當管家。

　康瑞的陰謀是先切斷公主與外界的接觸。他告訴肯特公爵夫人:「為了公主的安全,我們要避免旁人單獨接近她。」於是沒有任何訪客可以單獨見到維多利亞。

　從此,維多利亞自童年至青

少年的歲月，全在肯特公爵夫人與康瑞的掌控之中。

雖然肯特公爵夫人認為康瑞很有能力，但是他並沒有辦法解決她的困境。肯特公爵夫人的債有如雪球般越滾越大。

因此維多利亞的童年時期，生活並不寬裕。從小到大，她一直是睡在母親房內的一張小床上，沒有自己的房間，她也總是穿同一套衣服，肯特公爵夫人還這樣教她：「女孩子不應該時常變換服飾。」

她們的公寓裡，沒有豪華的沙發或躺椅，只有兩把小凳子，僅有的幾張舊地毯都已磨到破損露線了。

肯特公爵夫人家中的餐具和銀器是借來的，母女倆連晚餐也吃得很簡單，往往只有一點點的麵包和牛奶。

喬治四世的妹妹瑪麗公主認

為王儲有可能是未來的國君，不該過得如此寒酸，因此在維多利亞一歲時，曾寫信給喬治四世向他請求：「肯特公爵夫人與小公主的境況很可憐，王室是否可以給她們一些即時的幫助？」

喬治四世對瑪麗公主的要求置之不理，他認為維多利亞不可能成為英國女王。理由是：

「她還只是個小嬰孩，能不能順利長大成人還不知道。」

不久後，克里倫斯公爵夫人又生了一個女兒──伊麗莎白，英國民眾稱她「小貝絲」。小貝絲取代了維多利亞在王儲排名上的位置。

喬治四世相信克里倫斯公爵夫婦還會再生更多兒女，而維多利亞與王座的距離將越來越遠。

被寵壞的小女孩

金髮藍眼的小維多利亞圓潤

可愛，與祖父喬治三世長得很像。當她搖搖擺擺學走路時，肯特公爵夫人常開心的和周圍的人說：「你看，你看，她長得多像爺爺！」旁邊的人也跟著同聲附和。

不久，外面的世界有了變化。

1821 年，小貝絲在三個月大時生病死了。人們的注意力又回到維多利亞身上。

當時英國社會中對「自由的熱愛、不平等的痛恨、人權的重視」逐漸提高，並且來勢洶洶，形成一股巨大的時代潮流。如果這股潮流一直持續下去，久而久之，人民自然會想要廢除君王，很可能維多利亞還來不及長大，君主政體即告結束。

此外，維多利亞的叔叔，即王儲順位在她後面的甘伯蘭公爵，正虎視眈眈的等在王座後面。因此從她很小的時候開始，

報紙和媒體即謠傳，維多利亞的惡叔叔隨時可能會謀殺她。

但是，宮外世界的變化一點也不影響宮內的小維多利亞，她正無憂無慮的玩著布偶娃娃，為她們取名字、換衣裳、講故事。她也喜歡在宮內的長廊裡跑來跑去，或是騎著二伯父送的小毛驢在肯辛頓花園的小徑上漫步。

小維多利亞被褓姆和姐姐菲多娜當寶貝般的呵護著，儘管母親管教嚴格，她還是被寵壞了。

她時常突然發脾氣，誰的話都不聽。要她學字母，她就是不肯，不管大人怎麼說，「不！不就是不！」她說。事後，她會大哭一場，但是字母仍然沒學。

家庭教師

維多利亞五歲時，天天陪伴她的菲多娜結婚了，肯特公爵夫人於是請了一位家庭教師——露

依絲‧麗貞女士來照顧維多利亞，並教她讀書、識字。

麗貞是一位牧師的女兒。她聰明、認真、有個性，對於職責所在總是全力以赴。

麗貞立刻注意到維多利亞一項極為可貴的優點，她說：「小公主非常誠實，不管會受到多嚴厲的處罰，她絕不說謊。」

但是她也說：「小公主是我見過最任性，也最情緒化的小孩。」

小維多利亞的脾氣確實是倔強又暴躁。

如果她不想學字母而麗貞堅持要她學的時候，她會突然大發脾氣，有一次甚至拿剪刀丟麗貞。除了麗貞，她也曾對鋼琴老師吼叫，甚至用力摔琴蓋。

麗貞知道嚴格的手段對小公主不管用，便改用愛心和無比的耐心來教導她。在麗貞的循循善誘下，維多利亞終於肯好好的讀

書、識字，也願意每天定時練鋼琴。

除了麗貞老師，還有史貝絲女士擔任她的美術老師，而肯特公爵夫人則教她宗教教義。

肯特公爵夫人希望女兒能及早為未來的高位做好準備，她要維多利亞時時記著「單純、規律、虔誠、莊重」的美德。維多利亞似乎天生性格單純，做事有條理，信仰虔誠而且舉止得體。

維多利亞對於什麼身分該有什麼行為，也知道得一清二楚。

有一次，一位六歲女孩珍‧愛麗絲跟著祖母到肯辛頓宮作客。肯特公爵夫人和珍的祖母就讓珍跟同齡的維多利亞一起玩。小訪客玩得忘了禮數，坐在地上大玩維多利亞的玩具。維多利亞馬上告訴她：「妳不能碰這些，它們是我的；還有，我可以叫妳珍，妳卻不許叫我維多利亞。」

　　和維多利亞最常玩在一起的是康瑞的女兒薇多麗，兩個小女孩時常手牽手在肯辛頓宮的花園裡散步。不過維多利亞心裡很清楚，那位遠遠跟著他們的僕從，他所保護的小主人是哪一個。

　　感情豐富的維多利亞喜歡她的麗貞老師，她的菲多娜姐姐，她的好朋友薇多麗，她的美勞老師史貝絲，還有她的媽媽。

　　維多利亞也很喜歡去克里蔓看里爾博德舅舅。老露伊絲太太＊會招呼她，對她侍候得無微不至。舅舅更是和藹可親，和她說話的樣子就好像她是個大人。

　　每當愉悅的拜訪時光即將結束，小維多利亞都會依依不捨的哭泣，非常不願回到無聊的肯辛頓宮。

放大鏡

＊她曾是堂姐兼舅媽夏洛特公主的女僕。

天佑吾王

1826 年維多利亞七歲時，喬治四世突然邀請肯特公爵夫人與維多利亞到溫莎王宮*作客。

第一天下午，喬治四世在大廳接見她們，與她們親切交談，稍後還一起享用盛宴。

第二天早晨維多利亞與母親在溫莎花園散步時，喬治四世駕著豪華馬車，迎面而來。

「幫她上馬車來！」國王命令肯特公爵夫人，並邀請維多利亞坐上他的馬車。

這個突來的邀請嚇壞了肯特公爵夫人，卻令維多利亞非常驚喜。

喬治四世載著維多利亞來到了維吉尼亞湖*。湖中有一艘大舢舨，上面擠滿了釣魚的貴族和他們的夫人，旁邊另外一艘舢舨上則載了一組樂隊。

「妳喜歡什麼曲子？告訴樂團，他們會為妳演奏。」喬治四世問小姪女。

「天佑吾王！」維多利亞不加思索立刻回答。

維多利亞的聰明乖巧與應對合宜，令喬治四世非常高興，更博得許多讚賞。臨走前，喬治四世送維多利亞一個依自己形貌做成的小人偶娃娃。

喬治四世的善意，對年幼且長期與外界隔離的維多利亞而言，真是一段難得的美好經歷。難怪維多利亞在日後的回憶中，每次提起喬治四世時，總是充滿了懷念之情。

放大鏡

＊**溫莎王宮**　英國君王位於溫莎的城堡式宅邸，溫莎在倫敦西邊二十一英里。

＊**維吉尼亞湖**　位於溫莎堡南邊，距城堡很近。19世紀時此湖及周遭地區僅王室家庭可以使用。

我會好好的做

維多利亞八歲時，開始學習算數、歷史、宗教、畫圖、舞蹈、騎馬，肯特公爵夫人為她請了一些家教，教她法文、德文和英文。

她每天從早上九點半開始上課到十一點半，接著是遊戲與午餐時間，下午從三點上到六點。如此一星期上課六天。由於維多利亞的學習態度十分認真，她逐漸懂事並且精通多項才藝。

1827 年維多利亞的二伯父去世了，她的王儲排名升到第二位，僅次於三伯父。

維多利亞十一歲時，肯特公爵夫人想要瞭解維多利亞學習的進步情形，她邀請倫敦主教和林肯主教來負責檢測。

兩位主教對於維多利亞的優異表現印象深刻。他們向肯特公

爵夫人回報：

「公主在回答我們提出的各式問題時，顯示她對《聖經》歷史，以及英國國教所要教導的基督教真理與訓誡，有非常正確的認識；對於英國歷史及各年代發生的大事也很清楚，以她的年齡能有如此的認知，著實不易。」

兩位主教也好奇的問麗貞：「公主對自己未來可能的職權是否知悉？」

「公主毫不知情。」麗貞說。

這個問題提醒了麗貞，後來上歷史課時，她特地將英國王室的家譜和王儲順序圖拿給維多利亞看。

「我與王座的距離比我想的還近！」維多利亞十分吃驚。

接著她以幾近發誓的口吻說:「我會好好的做！」

由於過度的驚訝與激動，說完這話，維多利亞的眼淚幾乎奪

眶而出。但是在麗貞面前，她仍
強自鎮定。稍後，她躲到一個沒
人看到的地方，哭了好一陣，才
讓激動的情緒平靜下來。

少女期間

　　光陰流逝，維多利亞在肯辛
頓宮度過簡樸和規律的日子。她
由兒童長成少女，布偶娃娃被擺
到一旁，取而代之的是音樂和舞
蹈的學習、儀態的訓練和《聖
經》史的課程。在語言方面，維
多利亞似乎特別有天賦，她已可
以說流利的德、英、法語，還會
一點義大利文和拉丁文。

　　在公主年輕的歲月裡，她的
生活周遭全是女性，沒有父、兄
以粗獷的言行、放縱的笑聲來打
擾她單調、寧靜的日子，這也許
是她的缺憾。

　　唯一與維多利亞較親的男
性，她的「第二父親」里爾博德

舅舅在她十一歲時，便離開英國到比利時當國王。從此，不僅維多利亞去克里蔓作客的機會不再，里爾博德如慈父般的關愛之情也只能透過書信來傳遞了。

隨著菲多娜結婚、里爾博德搬到比利時，麗貞成了維多利亞生活中最親密的人。母親的日夜監看，只能使她順從，麗貞對她無微不至的照顧，卻贏得了她的心。維多利亞宣稱「麗貞是我最好、最真誠的朋友」、「我願意為『心愛的麗貞』做任何事」。

維多利亞從十三歲開始寫日記，在這段期間，日記的每一頁都可以看到麗貞的名字，日記中有些口氣和用語，也明顯有麗貞說話或修改的痕跡。

公主的攝政

1830 年喬治四世駕崩，克里倫斯公爵繼位，是為威廉四世。

六十五歲的新國王威廉四世個子矮小，長著一個紅鼻頭和一對圓滾滾的眼睛，樣子有點滑稽。

威廉四世與肯特公爵一樣，也曾為了王儲的目的，捨棄多年同居的女友與雅德麗公主結婚，婚後不久也生了兩個女兒。但是，這兩個女兒卻分別在剛出生及三個月大時夭折了。

威廉四世與雅德麗王后在痛失愛女後，將所有的愛與期待都轉到維多利亞身上，兩人都非常疼愛她。

雅德麗王后曾告訴肯特公爵夫人：「我的女兒已死，但是妳的女兒活著，她就像是我的女兒一般。」

王后也時常寫信給維多利亞，抒發對她的思念與關切：

……希望妳一切都好，請不要忘記愛妳的雅德麗伯母。……我時時為妳向上帝禱告，祈求祂看顧妳。

最愛妳的雅德麗伯母。

威廉四世即位後，維多利亞公主已是王儲順位第一人，亦即王位的繼承者。

這時，康瑞又有新的想法。他告訴肯特公爵夫人：「妳應該設法讓自己成為公主的攝政。這麼一來，如果公主當女王時未滿十八歲*，妳就可以合法的代她執行王權。」

在康瑞的鼓吹下，肯特公爵夫人寫信向威廉四世要求三件事：

一、希望威廉四世給予「維

放大鏡

＊根據英國憲法，王儲必須年滿十八歲才能登上王位。

多利亞公主的攝政」的身分。

二、希望威廉四世給予貴族的封號。

三、一旦身居攝政要職，她的津貼必須提高。

威廉四世沒有理會她的要求，於是肯特公爵夫人改向議會請求。

幾經討論，議會終於通過立法，宣布肯特公爵夫人為維多利亞公主的攝政，但是沒有給她貴族封號，也沒有提高她的津貼。

鄉村之旅

肯特公爵夫人自從當了維多利亞的攝政，更常採信康瑞的意見。

「我們要想辦法，讓公主與王室保持距離。」康瑞又提議:「我們何不帶她到各大鄉鎮去旅行。如此，既可使她遠離國王，又可讓英國人民有機會見到未來的女

王。」

　　肯特公爵夫人完全聽從康瑞的建議，帶著維多利亞展開一連串的旅行。

　　這是頭一次，維多利亞如此清楚的看到英國，一個她不久之後即將統治的國家。

　　1830 年代的英國，受到工業革命＊的影響，那片英國人心目中「綠色的、充滿歡樂的土地」已變成狄更斯＊筆下所描述的「冒著黑煙的煙囪陰影下，充斥貧窮、擁擠、疾病的都市」。

　　雖然維多利亞並不瞭解國家正在進行的巨大變動，但她的下鄉日記，倒是忠實的記錄了改變中的大地和可憐的人們。有一段

放大鏡

＊**工業革命**　又稱產業革命，指生產方式由機器取代人力，以大規模、工廠化、機械生產取代小型、家庭、手工生產的一場生產與科技的革命。

＊**狄更斯**　1812～1870 年，是維多利亞時代有名的作家。其作品多描寫當時社會中，貧窮的勞動階級所過著的可憐生活。

經過礦區的描寫：

「男人、女人、小孩、田地、房屋都是黑色……草地枯萎呈黑色……整個鄉村是一成不變的黑色……處處看到冒煙或燃燒過的煤灰堆，交錯著簡陋的茅屋及穿著破舊衣服的小孩。」

日記中也有一些不一樣的畫面：

「六個漁夫身穿粗布藍外套，紅色鴨舌帽，白色圍裙，踩著樂隊伴奏的音樂節拍，扛著一個用花裝飾的大籃子，裡面裝滿了要送給我們的魚。」

年輕的公主吃驚的發現，外面的世界與自己熟悉的王宮生活，竟是如此不同，因而心中充滿了同情。

康瑞和肯特公爵夫人安排這些旅行時並非靜悄悄的進行，總是會先在報紙上公告行程以廣周知，出發時更安排車馬隊以壯聲

勢。

　　每到一個村鎮，公主的車馬隊往往吸引許多熱情民眾夾道圍觀，地方官員也事先接到通知，必須隆重接待並安排演說。

　　公主乘坐的遊艇航行在索倫特海峽＊時，肯特公爵夫人更要求臨近的軍艦和砲臺都要向公主的遊艇鳴砲示敬。

　　這種猶如「帝王出巡」般的排場，使威廉四世非常震怒。首相和海軍大臣被召進宮去商討對策。會後，首相與海軍大臣私底下致函肯特公爵夫人，請求她放棄施放禮砲的要求。肯特公爵夫人置之不理。康瑞更大言不慚的表示：「身為公主陛下的貼身顧問，我無法勸她在這點上讓步。」

　　激動的威廉四世只好頒布一

 放大鏡

＊索倫特海峽　位於英格蘭南方，介於維特島與英格蘭之間。

道特殊命令：「禁止向任何船隻施放禮砲，除非當今的國王或王后乘坐其上」。

接著威廉四世寫信給肯特公爵夫人，命令她：「希望妳為公主也為大局著想，不要再四處旅行。」

「我如何能不做這些訪視？」肯特公爵夫人回信說：「這是這些年來我一直在做的事──就是使公主開心。」

再度下鄉

威廉四世也寫信給維多利亞，告訴她：「我不希望再在報上看到妳出遊的消息。」

肯特公爵夫人也許是有意激怒威廉四世，在接下來的那個月，她又以維多利亞的名義安排了一次旅行。

維多利亞並不想去，尤其是她才剛接到威廉四世的信，要她

留在宮中。在出發前夕，她告訴母親：「無論如何我不願再作任何旅行了。」

母女兩人因此爆發一場劇烈爭吵。大吵之後，肯特公爵夫人寫了一封長信給維多利亞：「……妳如此反對我們明天的旅行，令我感到無比的失望和難過。」

她接著說：「如果有人聽到妳竟以十分無禮的態度頂撞母親，國人對妳的評價將會大幅降低。」

維多利亞頓感愧疚，只得屈從母意踏上旅程。

才出發沒幾天，維多利亞便開始覺得頭痛、暈眩、全身酸痛。肯特公爵夫人以為她裝病，不肯請醫生，使得維多利亞病情更加嚴重。

到阮斯門海港＊時，維多利

放大鏡

＊阮斯門海港　位於英格蘭東南方，有「王室海港」的別稱，也曾是拿破崙戰爭時英軍使用的港口之一。

亞向母親請了一天假，與舅舅會面。已成為比利時國王的里爾博德，此時是到英國度假，順便來看維多利亞。

兩人會面時，里爾博德給了維多利亞許多未來如何當女王的建言。維多利亞將這些都寫在日記上：「他給我許多十分寶貴的建議，我們也談了許多重要而嚴肅的事情。我像尊敬父親一般的信任他、愛他，他是我遇到最棒也最和善的指導者。」

威廉四世的生日宴

維多利亞送別舅舅後，就在碼頭上昏倒了。她發著高燒，肯特公爵夫人這才請了醫生，結果診斷出維多利亞是得了傷寒。

這場病讓維多利亞足足在床上躺了五個星期。

在維多利亞最虛弱的時候，康瑞幾度到她房間，要她在一份

「宣稱康瑞是維多利亞公主的私人祕書」的文件上簽名。

維多利亞身體雖然虛弱，頭腦卻還很清楚，她寫信告訴舅舅：「儘管病得不輕，又受他們百般逼迫，我仍堅拒不從。」

維多利亞復原後，康瑞仍不死心，不斷的煩她。

這時維多利亞已經十七歲了，攝政期再過一年即告結束。有鑑於維多利亞一直不肯簽同意書，康瑞又心生一計，即試圖延長攝政期。

他開始公開談論：「維多利亞公主實在是年輕識淺、缺乏經驗。」

他告訴許多政要：「維多利亞公主若要統治英國，十八歲還是太年輕。」他接著建議：「攝政期應延長到二十一歲，因為英國法律規定，滿二十一歲才算成年。」

威廉四世也察覺到康瑞越來

越危險。他告訴朋友:「我極不信任圍在公主身旁的那一群人。」

1836 年 8 月 21 日在溫莎宮裡,威廉四世七十一歲生日的慶祝會上,威廉四世站起來向所有的賓客宣布(包括維多利亞與肯特公爵夫人在內):「我向上帝祈求,讓我至少再活九個月(到時維多利亞將滿十八歲)。之後我若是死了,我將很高興王權是直接交給那位年輕的公主 —— 也就是王位的繼承人,來獨立行使,而不是交給一位被一群不懷好意的幕僚包圍著,無法適當執政的攝政者!」

我是女王了

威廉四世生病了,而且據說已奄奄一息。

康瑞聽說國王病危,心情更加著急。他對肯特公爵夫人說:「公主如果還不順從,我們非得

用強硬的手段逼她不可。」他想把維多利亞關起來，直到她簽了同意書為止。

不過，肯特公爵夫人認為這個作法太過偏激，改用「疾言厲色」的態度，要求維多利亞授權。於是，母女之間衝突不斷……。

國王生病的消息也讓所有人的注意力轉到維多利亞身上。

這一年是維多利亞成長過程中一個很重要的階段。受到舅舅里爾博德的影響，她開始注意現實、切身的事務，並關心社會現象和社會問題。

里爾博德也在返回比利時後，接二連三的寫信給維多利亞。在提到君王的職責時，他說：「一國之君的任務，就是要本著大公無私的精神為他的全民謀福利。」他也時常與維多利亞討論外交事務的細節，或分析言論自

由的利弊得失。

威廉四世的病情日益惡化，健康狀況急轉直下。

1837 年 6 月 20 日早上六點，維多利亞在睡夢中被母親叫醒：「坎特貝瑞總主教與宮內大臣康寧翰來了，他們有急事找妳。」

睡眼矇矓的維多利亞趕緊起床，披了件睡袍就到起居室會見他們。

康寧翰說:「您的伯父，威廉四世在今天清晨兩點十二分過世了。從現在起，您是英國的女王了!」

「啊!伯父過世了!我是女王了!」霎時，維多利亞完全清醒了。

當天晚上，維多利亞在日記上寫下她的決心與善念:「既然上帝將我擺上這個位子，我將竭盡所能來履行我對國家的職責；雖然我很年輕，對許多事情缺乏經

驗，但我相信，沒有人比我更願意、更有心去做正確而該做的事。」

　　慈悲的上帝似乎聽到了威廉四世的生日願望，一個月前——5 月 24 日，維多利亞才剛滿十八歲，「維多利亞的攝政」任期剛過，「女王的私人祕書」仍可望不可及，康瑞多年來的陰謀可謂徹底落空。

3

年輕女王

坎特貝瑞總主教與宮內大臣相繼離去後，肯辛頓宮內混亂的氣氛才稍微平息了些。然而維多利亞並沒有太多時間整理自己起伏的心情，因為需要她處理的事情已紛至沓來。

早餐後，維多利亞寫了一封信給里爾博德，也給菲多娜寫了一紙短箋。

首相＊墨爾本爵士派人送來一信，通報他即將到達肯辛頓宮朝見女王。準九點整，墨爾本爵士穿著正式的禮服，出現在肯辛頓宮，等待女王的接見。

維多利亞單獨接見他，並告

放大鏡

＊**首相** 為內閣之首，由下院多數黨領袖擔任。首相的職責是領導內閣、任命政府各單位首長、主持內閣會議以及給女王建言。

訴他：「希望由閣下您及現任閣員繼續主管國家事務。」

　　首相離去後，她接著寫了一封弔唁的信給雅德麗王后。十一點整，墨爾本首相再度覲見。十一點半，在首相的陪同下，維多利亞參加了她生平的第一次樞密院＊會。

樞密院會

　　由於對年輕的女王充滿好奇，大臣們當天一早就聚集在肯辛頓宮的紅色大廳內，議論紛紛。

　　十一點半，大廳的門被推開，一位體型瘦小，身穿孝服的年輕女孩，緩步進入會場，走向

放大鏡
＊樞密院　英國君王的諮詢機構。樞密院顧問官包括第一王儲、主教、首相、內閣大臣、兩黨領袖、內閣祕書、女王私人祕書、資深法官等。君王在樞密院的建議之下頒布樞密令，以制定政府規章或任命政府官員。

她的座位。

　　他們看到一張不是頂漂亮卻很討人喜歡的容貌——閃亮柔美的金髮，大而微凸的藍眼，端正的鼻子，小巧的嘴，瘦削的下巴，光潔的皮膚；她看起來天真、純潔卻又帶著嚴肅、莊重的氣質。

　　接著他們聽到她以清晰、悅耳的聲音朗讀講稿。隨後接受大臣們向她宣誓效忠。整個過程中看不出一絲的緊張與不安。她的退席一如進場，同樣的冷靜、優雅。

　　維多利亞退席之後，大臣們先是一陣靜默，然後發出一連串輕鬆而喜悅的讚嘆：「女王進退之間神色自若，顯得好冷靜。」

　　「我喜歡她優雅而謙和的儀態。」

　　「真是一位迷人的女王！」

　　「我認為認真、態度嚴肅才

是『她的魅力所在』！」

「她朗讀文件時，展現了女性的柔美與沉著，她悅耳的聲音，清楚自然、強弱適中。」

總之，維多利亞在樞密院的表現比大家所預期的更好，大夥兒對她都留下正面、肯定的第一印象。

年輕的女王在宮外的世界同樣掀起一片狂瀾。崇拜和愛戀女王成為時尚，每當金髮、粉頰、純潔、謙和的「少女女王」乘著馬車經過城裡，看到的人無不內心激動，「效忠女王」的情愫油然而生。比起她的那些惡名昭彰的叔、伯、父、祖們，維多利亞女王猶如一道春天的陽光，將那積沉已久、骯髒討厭的冬雪，一掃而光。

國會議員約翰・盧梭爵士在一場演講中說出了大眾的心聲。他說:「希望維多利亞女王能證明

她是一位不獨裁的伊麗莎白*，一位不柔弱的安妮*。」他並要求整個英國與他一起禱告，祈求這位剛登王座，有著純潔、公正心思的優秀君王，能夠廢除奴隸制度，使犯罪行為消失，改進教育制度。

墨爾本首相

維多利亞在封閉的肯辛頓宮長大，嚴格的說，她所受的教育，並不足以讓她勝任當時世界第一大強國的領袖職責。但很幸運的，她一即位，就遇見了一位良師，他便是墨爾本首相。

墨爾本時年五十八歲，已當了三年首相，正處於事業的巔峰

放大鏡

＊**伊麗莎白**　指伊麗莎白一世（1533～1603年），是 16 世紀英國都鐸王朝最後一位君王。在位四十五年，是個很強勢的領導者。

＊**安妮**　指安妮女王（1665～1714 年），是 18 世紀英國斯圖亞特王朝最後一位君王。在位十二年，體弱多病。

期。

維多利亞對墨爾本的第一印象非常好：「我很喜歡他，也對他有信心。」

維多利亞喜歡墨爾本的原因很多。墨爾本不僅容貌英俊、外表體面，而且博學多聞、能言善道、機智過人。此外，墨爾本還是個貴族，維多利亞與他共事相處，覺得輕鬆自在。

墨爾本不久就看出，年輕的女王亟待教導，否則難以肩負英國王位的重責大任。於是，墨爾本首相私下扛起女王的老師兼私人祕書的職責。他教她英國憲法、政府運作、各種不同的政策及其重要性，也協助她每日處理大量的公文和信件。

維多利亞很幸運能有一位學問淵博的老師，而墨爾本則慶幸能有一位聰明認真的學生。兩人間的默契進展快速，墨爾本對待

年輕的女王就像在照顧自己的女兒，而維多利亞也為墨爾本的善良性情與聰明才智而著迷。

女王與肯特公爵夫人

樞密院會後，維多利亞走過前廳，看到母親在等她。她問：「媽媽，現在，我真的，的的確確是女王了嗎？」

「是的，親愛的，確實是如此。」

「那麼，親愛的媽媽，請您答應我以女王身分對您的第一個要求：讓我獨處一個小時。」

一個鐘頭後，維多利亞從房間出來，接著下了一道命令：「將我的床搬離母親的房間。」

維多利亞的獨立，使她與母親的感情漸行漸遠。在人前，她對母親的態度一如往昔，私底下，她則不願與母親有太多接觸。她甚至命令肯特公爵夫人，

若要見她，必須先以書面方式約定時間：「我有許多公務，因此從現在起，您若想見我，就必須先寫一紙書面求見函，即便如此，我也不能保證一定見您。」

維多利亞對墨爾本首相的信任，使肯特公爵夫人相當不滿。她始終認定康瑞才是輔佐女王的最佳人選，因此她為康瑞一連寫了數封求情的信給維多利亞。

維多利亞回覆她：「我不願再與康瑞有任何牽連，請不要再向我提起他。」

另一方面，康瑞知道操縱王權的機會已非唾手可得，卻不甘心就此放棄，於是他寫了一封信給墨爾本，對於自己在維多利亞成長時期所做的「一切犧牲」，要求補償。

「……本人所求有限，只不過是適量的退休金、一個貴族的頭銜、以及一個代表榮譽和肯定

本人對國家貢獻的勛章……」

墨爾本看了康瑞的信忍不住大叫：「太過分了！沒有聽過這麼厚顏無恥的事情！」

但是，墨爾本希望康瑞儘快退休離開，所以還是給了他一年的生活津貼。康瑞拿到錢，卻仍不肯離開肯辛頓宮。

即位三週後，維多利亞搬出肯辛頓宮，住到英王的倫敦住所——白金漢宮，她終於與母親分開了。

即位之初

維多利亞很喜歡自己在白金漢宮的新職位。由於有墨爾本的協助，許多任務與挑戰都變成愉快的經驗。她為議會開庭*，主持正式宴會、接見賓客和投訴者

＊在議會開庭儀式中，君王的出現，代表政府一個新議程的開始，這是君王重要的職務之一。

……。

人人都想見維多利亞，幸運獲得接見的，無不對高貴、有禮、溫和、善良的女王，留下深刻的印象。這時的維多利亞女王是成功且廣受歡迎的。

她自己也認為：「我的生活是如此的愉快，我有很多事情要忙，這些都是對我有益的事，也是我所喜歡的。」

除了公務，休閒時她也常招待朋友騎馬、玩西洋棋。她喜歡小孩和小狗，也允許他們在白金漢宮的長廊玩球。年輕的維多利亞還喜愛跳舞，更有許許多多正式的舞宴可以參加。

對她而言，白金漢宮的每一件事都新鮮、有趣。她的職位、工作、娛樂、王宮……這一切都帶給她無窮的滿足和喜悅。

日子在愉快的氣氛中過去，維多利亞認為，即位後的這個夏

天是「我有生以來最快樂的夏天」！

佛洛拉事件

然而，幾個月之後肯特公爵夫人再度給她女兒帶來煩惱。

肯特公爵夫人以「未婚女性不宜獨居，應有相同階層的女伴陪同」為由，隨著維多利亞搬到白金漢宮，維多利亞十分討厭的康瑞亦一同時搬入。

宮中的氣氛頓時變得很緊張，維多利亞與母親之間的衝突不斷發生，落得她經常以淚洗面。佛洛拉事件就是在這段期間發生的。

佛洛拉‧郝斯丁女士是肯特公爵夫人的侍女。她平日愛開惡毒的玩笑，惹得麗貞很厭惡她，維多利亞也不信任她。

1838 年底，麗貞看到佛洛拉與康瑞同乘一輛馬車，她覺得可

疑，就立刻告訴維多利亞。

數月後，佛洛拉的肚子忽然變大，還常去看宮廷御醫克拉克爵士。麗貞又以懷疑的口氣告訴維多利亞：「佛洛拉女士的肚子大了起來，會不會是……。」

麗貞持續的耳語，使維多利亞終於認定：「佛洛拉女士懷孕了。」她並認為佛洛拉懷孕與康瑞有關。

在當時「未婚懷孕」是一件極嚴重的醜聞。整個宮廷馬上騷動起來。

克拉克醫生其實只是醫治佛洛拉的胃疾，面對這麼多的謠言，他僅對外宣稱佛洛拉確實向他求醫，並請佛洛拉再做一次更詳細的檢查。佛洛拉拒絕這項要求，更否認自己懷孕。

維多利亞得知佛洛拉不肯做進一步的檢查，立刻命令她不准進入王宮，直到她能證明自己的

清白。佛洛拉不得已只好另找查爾士醫生做檢查，查爾士醫生證明佛洛拉說的是實話。

雖然女王事後向佛洛拉道歉，但這事件被迅速的渲染。佛洛拉寫信告訴她的家人，她是如何的被詆毀中傷。佛洛拉的叔叔是有權有勢的郝斯丁爵士，立刻將此信投到一份著名的報紙。登出之後引起社會大眾的憤怒，接著又有更多的讀者投書與社論刊登出來，這些輿論一致指責女王、女王的侍女、克拉克醫生以及墨爾本爵士。

佛洛拉於 1839 年 7 月 5 日死亡，驗屍結果證實她肚子的不明腫脹是因為肝臟長了一個腫瘤的緣故。

維多利亞的聲望因佛洛拉之死跌到谷底，女王即位時的喧赫聲望完全消失，她的馬車上街時，民眾對她噓聲不斷，報紙也

開始刊登反對女王的文章，還有許多人認為她需要新的幕僚，新的侍女，尤其需要新的宮廷御醫。

或許是擔心被捲入佛洛拉事件，康瑞於佛洛拉死前數月突然離開英國，前往義大利。幾年之後，他重返英國，在小城瑞町＊住下，與倫敦及宮廷政爭離得遠遠的。

政黨輪替

早在佛洛拉事件發生前，威格黨＊在議會中就已漸失優勢，如果情況再惡化下去，墨爾本的首相職位很快就要保不住了。

放大鏡

＊瑞町　位於英格蘭南邊，距離倫敦七十公里。
＊威格黨與托利黨於 1679 年同時成立，數百年來，兩黨一直彼此對立。威格黨主張政治和社會改革，許多限制君王權益的條例，都是威格黨的傑作。托利黨則認為推動社會改變應該緩步、漸進，激烈的改革手段不足取。1845 年之後，兩黨開始使用自由黨（原威格黨）和保守黨（原托利黨）的稱呼。

按照慣例，英國首相一向由議會多數黨領袖擔任。一旦首相的政黨退居少數，他就得自動請辭，由英王另行任命新的多數黨領袖為首相。

維多利亞執政初期，她所支持、喜愛的威格黨一直在議會中占多數。

佛洛拉事件，使威格黨失去更多民意，導致 1839 年 5 月在一項重大政策決議時，僅以兩票的優勢獲得微弱多數。此時威格黨內閣瀕臨垮臺，首相與內閣決定辭職。

維多利亞一直是威格黨的擁護者，不止她的出生、教養決定她是威格黨人＊，墨爾本自她即

放大鏡

＊肯特公爵在世時，不僅債臺高築而且跟他的兄弟都吵過架，因此他選擇加入與他的兄弟政治立場對立的威格黨。而肯特公爵夫人以一個外國人的身分嫁到英國，自然與她的丈夫、丈夫的政治伙伴們立場一致。因此維多利亞的父母都是忠誠的威格黨員。

位起也安排了自己一黨的侍女，將她團團圍住，因此維多利亞在日常生活中，沒有接觸過任何托利黨人。她不喜歡托利黨，而且從不掩飾這種情緒。她尤其討厭可能取代墨爾本的勞伯·皮爾爵士。

維多利亞長久以來一直心懷恐懼，擔心墨爾本首相有朝一日將下臺離去。墨爾本除了在政事上對她輔佐教導，在生活上也時相陪伴，因此，維多利亞非常依賴他。

當危機逼近，維多利亞更是焦慮，日記成了她傾訴的管道：「每當我想到這位仁慈、傑出的人士將不再是我的首相，就非常的沮喪……」

墨爾本遞來的辭呈使她的傷感達到頂點：「我頓失所有的歡樂！因為善良、可親的墨爾本爵士已不再是我的首相！」

侍女危機

威格黨首相與內閣總辭，托利黨領袖勞伯・皮爾順理成章成為新首相。

維多利亞儘管對皮爾有成見，可是她也很清楚自己「立憲君主」*的權限，只好召見皮爾。

兩人第一次會面時，維多利亞對皮爾十分冷淡。個性靦腆的皮爾在女王面前，則十分緊張。

會面平和的過去，只在一點上有歧見。

皮爾注意到女王的侍女全屬威格黨，便問她：「女王陛下，是否能請您撤換一些侍女？」

「不！我有權決定我的侍

放大鏡

*立憲君主　乃權力義務受到憲法限制的君主。與此相對的是專制君主（同君主獨裁）──君主擁有絕對的權力，沒有任何法律可以約束他。

女。」維多利亞的態度由冷淡轉為憤怒。

女王態度的轉變使皮爾更加窘促不安。

「那麼，這點我們就稍緩再議吧。」皮爾說完便告辭離去，隨即著手準備組閣事宜。

維多利亞立刻寫信給墨爾本告訴他發生的事。

墨爾本在回信中試圖勸維多利亞冷靜、接受現狀，並說了許多托利黨和皮爾的好話。至於侍女問題，他建議維多利亞把自己的意思向皮爾明確表達，因為「這畢竟是陛下您私人的事情。」他接著又說:「如果皮爾爵士不同意，拒絕和拖延都沒有用。」墨爾本的意思就是:「您也只好接受首相的要求了。」

但是，維多利亞不接受墨爾本的安撫，也不接受他的建議，托利黨想撤換她的侍女令她十分

氣憤。當晚她打定主意，不管皮爾怎麼說，「我就是不換侍女，一個都不行。」

第二天早晨，皮爾再度前來謁見。他先陳述了內閣籌備的進展情形，接著說：「陛下，有關侍女……」

維多利亞立刻打斷他：「我絕不撤換任何侍女。」

「什麼，陛下！」皮爾說：「您的意思是要留下全部侍女？」

「全部！」維多利亞回答。

「服裝侍女和寢宮侍女？」皮爾的臉孔扭曲，聲音顫抖，情緒很激動。

「全部！」維多利亞又再說一次。

皮爾隨後的懇求、辯解，全然無用，維多利亞堅持己見毫不妥協。最後皮爾離去時，什麼都沒定論，所有組閣大事全部懸而未決。

為了侍女的派別，維多利亞與皮爾的爭執持續了四天。最後，皮爾覺悟到無法與女王共事而辭職。

接到皮爾的辭職信，維多利亞立刻寫信給墨爾本與威格黨內閣。

第二天早上墨爾本召開威格黨內閣會議，向閣員們朗讀兩封女王的來信，述說女王的堅持與要求。雖然「女王行事是否合乎憲法」值得商榷；他們更沒有理由改變當初內閣總辭的決定；然而在女王情緒而感性的敦促下，這些年長閣員的顧慮全然消失，不由得順從了她的要求。

於是威格黨內閣做了一項史無前例的決定，他們同意女王停止與皮爾的磋商，墨爾本首相與他的內閣回來，女王取得了勝利＊。

婚姻大事

墨爾本的復職令維多利亞很開心，政務問題解決了，卻還有家務事令她煩心。

自從肯特公爵夫人搬到白金漢宮，維多利亞與她的關係持續惡化。維多利亞時常忍不住抱怨，認為和母親同住是她煩惱的來源。

按照當時習俗，如果維多利亞希望肯特公爵夫人另立門戶，最好的方法就是結婚。

此外，身為一國之君，王儲的延續也是一個重要的考量。

由於當時的王儲人選很不理想，第一王儲是維多利亞的叔叔，聲名狼藉的甘伯蘭公爵；接

放大鏡

＊這類問題以前從未發生過，但是在這個事件之後，英國憲法就明文規定女王在選擇宮內的女性工作人員時，必須依照首相的要求。

著是甘伯蘭公爵的盲眼兒子喬治王子，再來就沒有其他王儲了＊。維多利亞知道英國臣民都希望她早日結婚，並多生養一些優秀的王儲。

里爾博德早就想撮合他的姪兒──薩斯─哥堡王子亞伯特和維多利亞。他刻意調教亞伯特王子，就是想使他成為維多利亞中意的結婚對象。

墨爾本原本不贊成這個提議，他顧慮一個外國王子可能不易得到英國人民的愛戴。但是，維多利亞自有主見，她認為：「在婚事上，我個人的喜愛，才是最重要的考慮因素。」

於是，維多利亞與墨爾本坐

放大鏡

＊維多利亞的六叔蘇薩斯公爵、七叔劍橋公爵，或因太老（維多利亞即位時他倆分別是六十四歲和六十三歲，且王儲順位在甘伯蘭公爵及其兒子喬治王子之後），或婚姻不被王室婚姻條例所認可（蘇薩斯公爵結婚時沒得到王室或國會的認可），或沒有合法子嗣，故不列入考慮。

下來，仔細研究一長串各國王子的人選名單。經過再三討論，仍然無法決定。最後想到亞伯特王子將於 10 月（1839 年）到英國訪問，維多利亞便說：「婚事就等那個時候再來傷腦筋吧。」

亞伯特王子

亞伯特王子比維多利亞小三個月，他的父親薩斯—哥堡公爵是肯特公爵夫人的哥哥，因此他與維多利亞是表姐弟的關係。

里爾博德與薩斯—哥堡的家族成員，多年來一直想促成這椿婚事。因此亞伯特從小到大所受的教育和學習課程，特別著重在培養他優雅的言談舉止。此外，亞伯特也從布魯賽爾與波昂的學校，獲得良好而嚴格的教育。

亞伯特王子第一次見到維多利亞，是在她十七歲的生日慶典。當時，亞伯特緊張到了極

點ㄉㄧㄢˇ。

維ㄨㄟˊ多ㄉㄨㄛ利ㄌㄧˋ亞ㄧㄚˋ的ㄉㄜˊ日ㄖˋ記ㄐㄧˋ上ㄕㄤˋ有ㄧㄡˇ一ㄧ段ㄉㄨㄢˋ有ㄧㄡˇ關ㄍㄨㄢ的ㄉㄜˊ描ㄇㄧㄠˊ述ㄕㄨˋ:「亞ㄧㄚˋ伯ㄅㄛˊ特ㄊㄜˋ真ㄓㄣ可ㄎㄜˇ憐ㄌㄧㄢˊ，……他ㄊㄚ看ㄎㄢˋ起ㄑㄧˇ來ㄌㄞˊ十ㄕˊ分ㄈㄣ蒼ㄘㄤ白ㄅㄞˊ，好ㄏㄠˇ像ㄒㄧㄤˋ不ㄅㄨˋ舒ㄕㄨ服ㄈㄨˊ似ㄙˋ的ㄉㄜˊ。」待ㄉㄞˋ兩ㄌㄧㄤˇ人ㄖㄣˊ跳ㄊㄧㄠˋ過ㄍㄨㄛˋ舞ㄨˇ之ㄓ後ㄏㄡˋ，「他ㄊㄚ的ㄉㄜˊ臉ㄌㄧㄢˇ色ㄙㄜˋ更ㄍㄥˋ加ㄐㄧㄚ蒼ㄘㄤ白ㄅㄞˊ，我ㄨㄛˇ真ㄓㄣ擔ㄉㄢ心ㄒㄧㄣ他ㄊㄚ會ㄏㄨㄟˋ昏ㄏㄨㄣ倒ㄉㄠˇ。」

然ㄖㄢˊ而ㄦˊ，亞ㄧㄚˋ伯ㄅㄛˊ特ㄊㄜˋ給ㄍㄟˇ維ㄨㄟˊ多ㄉㄨㄛ利ㄌㄧˋ亞ㄧㄚˋ的ㄉㄜˊ第ㄉㄧˋ一ㄧ印ㄧㄣˋ象ㄒㄧㄤˋ畢ㄅㄧˋ竟ㄐㄧㄥˋ相ㄒㄧㄤ當ㄉㄤ好ㄏㄠˇ。她ㄊㄚ在ㄗㄞˋ日ㄖˋ記ㄐㄧˋ上ㄕㄤˋ提ㄊㄧˊ到ㄉㄠˋ他ㄊㄚ時ㄕˊ，形ㄒㄧㄥˊ容ㄖㄨㄥˊ他ㄊㄚ「外ㄨㄞˋ表ㄅㄧㄠˇ英ㄧㄥ俊ㄐㄩㄣˋ、溫ㄨㄣ和ㄏㄜˊ、聰ㄘㄨㄥ明ㄇㄧㄥˊ」。

亞ㄧㄚˋ伯ㄅㄛˊ特ㄊㄜˋ自ㄗˋ 1836 年ㄋㄧㄢˊ到ㄉㄠˋ過ㄍㄨㄛˋ倫ㄌㄨㄣˊ敦ㄉㄨㄣ之ㄓ後ㄏㄡˋ，幾ㄐㄧˇ年ㄋㄧㄢˊ當ㄉㄤ中ㄓㄨㄥ，他ㄊㄚ經ㄐㄧㄥ常ㄔㄤˊ在ㄗㄞˋ歐ㄡ洲ㄓㄡ各ㄍㄜˋ國ㄍㄨㄛˊ旅ㄌㄩˇ行ㄒㄧㄥˊ，讓ㄖㄤˋ自ㄗˋ己ㄐㄧˇ更ㄍㄥˋ見ㄐㄧㄢˋ多ㄉㄨㄛ識ㄕˋ廣ㄍㄨㄤˇ，以ㄧˇ為ㄨㄟˋ未ㄨㄟˋ來ㄌㄞˊ可ㄎㄜˇ能ㄋㄥˊ擔ㄉㄢ任ㄖㄣˋ的ㄉㄜˊ領ㄌㄧㄥˇ袖ㄒㄧㄡˋ角ㄐㄧㄠˇ色ㄙㄜˋ做ㄗㄨㄛˋ好ㄏㄠˇ準ㄓㄨㄣˇ備ㄅㄟˋ。思ㄙ慮ㄌㄩˋ嚴ㄧㄢˊ謹ㄐㄧㄣˇ的ㄉㄜˊ亞ㄧㄚˋ伯ㄅㄛˊ特ㄊㄜˋ自ㄗˋ我ㄨㄛˇ要ㄧㄠ求ㄑㄧㄡˊ很ㄏㄣˇ高ㄍㄠ，對ㄉㄨㄟˋ於ㄩˊ宮ㄍㄨㄥ廷ㄊㄧㄥˊ生ㄕㄥ活ㄏㄨㄛˊ的ㄉㄜˊ細ㄒㄧˋ節ㄐㄧㄝˊ也ㄧㄝˇ努ㄋㄨˇ力ㄌㄧˋ學ㄒㄩㄝˊ習ㄒㄧˊ，更ㄍㄥˋ為ㄨㄟˋ了ㄌㄜ討ㄊㄠˇ好ㄏㄠˇ愛ㄞˋ跳ㄊㄧㄠˋ舞ㄨˇ、愛ㄞˋ參ㄘㄢ加ㄐㄧㄚ宴ㄧㄢˋ會ㄏㄨㄟˋ的ㄉㄜˊ維ㄨㄟˊ多ㄉㄨㄛ利ㄌㄧˋ亞ㄧㄚˋ，特ㄊㄜˋ地ㄉㄧˋ去ㄑㄩˋ上ㄕㄤˋ了ㄌㄜ跳ㄊㄧㄠˋ舞ㄨˇ課ㄎㄜˋ。

亞ㄧㄚˋ伯ㄅㄛˊ特ㄊㄜˋ並ㄅㄧㄥˋ沒ㄇㄟˊ有ㄧㄡˇ被ㄅㄟˋ未ㄨㄟˋ來ㄌㄞˊ的ㄉㄜˊ憧ㄔㄨㄥ憬ㄐㄧㄥˇ沖ㄔㄨㄥ昏ㄏㄨㄣ頭ㄊㄡˊ，他ㄊㄚ知ㄓ道ㄉㄠˋ「傳ㄔㄨㄢˊ言ㄧㄢˊ中ㄓㄨㄥ的ㄉㄜˊ維ㄨㄟˊ多ㄉㄨㄛ

利亞非常固執，……她喜歡宮廷宴會，注重宮廷規矩及正式場合上的禮儀細節。……據說她一點都不愛接近大自然，反而喜歡熬夜、晚睡晚起。」

一見鍾情

亞伯特王子將於 10 月到訪，令維多利亞十分緊張。她寫信給舅舅，用幾近警告的語氣強調：「我希望您知道，我不會接受家族為我安排的婚約。有關亞伯特王子的事，我可是從未做過承諾。」

事實證明，有沒有承諾全不重要。闊別三年後，年輕的亞伯特王子無論容貌或身材都更英俊挺拔，一向看重外表的維多利亞幾乎在重逢那一刻就愛上了他。

1839 年 10 月 10 日，維多利亞與亞伯特再度見面的那一天，維多利亞真情流露、毫不修飾的在

日記中寫滿了對亞伯特的讚美：「好漂亮的眼睛，好秀氣的鼻子，好美麗的嘴唇，還配上高雅整齊的短髭，好健美的軀幹，好寬闊的肩膀，好挺直的腰身……我的心跳得好快！……我含情脈脈的看著亞伯特……他真的俊美極了……。」

亞伯特也同時身不由己的被維多利亞自然流露的深情款款與溫柔嬌美所吸引。兩人都未預料到的事情終於一觸即發：他們戀愛了！

按照外交禮儀，家產空虛的薩斯—哥堡王子亞伯特不能向英國女王求婚，必須要等維多利亞提出結婚的要求。

10月14日，亞伯特在給他祖母的信上提到:「我接獲通知……維多利亞快要決定選我當她的丈夫了……可能很快就會當面對我宣布。」

　　第二天中午，女王果然召見亞伯特，並單獨接見他。

　　當時，兩人都面露喜色。

　　「你知道我為何召你來嗎？」維多利亞含笑問亞伯特。

　　「是的。」亞伯特欣喜的回答。

　　「如果你能同意與我結婚，我將非常的高興！」

　　「當然，與妳結婚，是我最大的喜悅，也是我最大的榮幸！」亞伯特高興得差點要跳了起來。

　　接著兩人相擁，相吻。

　　「當她親口告訴我這個我期待已久的好消息時……」亞伯特王子興奮的寫信告訴他的祖母「我真是太高興了！……我簡直快樂昏了！」

　　維多利亞也在日記中洩露了她的滿心歡喜：「啊！被猶如天使般的亞伯特所愛，我無法形容內心強烈的喜悅！他是完美的，他

的一切都是完美的 ── 尤其是他英俊的外貌。……我覺得今天是我生命中最最開心的一天……我覺得我是全世界最最快樂的人……」

婚期訂於翌年2月10日。婚禮前，亞伯特必須趕回他的家鄉，為搬到英國做準備。

亞伯特離開英國的時候，維多利亞哭得像個淚人兒。

「我哭得好慘……。但是想到我們很快就會再見面，又覺得高興。」

亞伯特回到薩斯──哥堡後，也立刻寫信向維多利亞傾訴對她的思念之情：「別後，我不說妳也知道，我的思緒全繫在妳身上，即使在夢中也見到妳。妳的身影充滿了我整個心靈。我未曾想到我會在這世上找到這麼多的愛。當我靠近妳，握著妳手的那一刻，有多美妙。我們相聚的時光

飛逝而過，相信我們分別的時刻也將同樣飛快的過去。」

議會的決定

維多利亞正式宣布訂婚的消息後，英國政府隨即對未來「女王丈夫的頭銜」展開辯論。維多利亞希望亞伯特能被稱做「親王」，以便將他留在身旁，陪她治國。但是許多國會議員反對給外國王子如此多的權勢。

維多利亞的叔叔們，也反對給亞伯特任何形式的國王稱謂。他們擔心萬一女王死時沒有子嗣，亞伯特會要求王位。

對於亞伯特未來的生活津貼，議會內部也有激辯。

幾經討論，議會最後僅決定讓亞伯特成為英國公民，沒給他任何頭銜，既沒有軍人的官階，也沒有貴族地位，繼承權更排在未來子女的後面。尤有甚者，給

亞伯特的生活津貼比當初提議的少很多，也比傳統上給君王眷屬的還低。

維多利亞非常生氣。她氣叔叔們反對她的意見，更氣控制議會的托利黨議員。她在日記上罵他們是「怪物」，接著又加註：「這些托利黨議員該被處罰！」

遠在薩斯—哥堡的亞伯特更是滿心疑慮:「究竟自己在英國是否受歡迎?」雖然如此，他寫給維多利亞的信，仍舊充滿了感情。

結婚喜慶

1840 年 2 月 6 日，亞伯特將他的疑慮置諸腦後，搭船橫渡英倫海峽去會他的新娘。

2 月 8 日，婚禮前兩天，亞伯特在白金漢宮見到了維多利亞。這時的維多利亞有點兒失魂落魄，即將來臨的婚禮使她緊張得幾乎要病倒。此外，這陣子為

了母親還想繼續住在宮裡，母女間爭執不休，也令她的情緒起伏難安。

與亞伯特重逢，維多利亞的心情霎時好轉。

「再次看到親愛的亞伯特，看到他英俊的臉，我的心從其他諸事脫困而出，得到平靜。」

1840 年 2 月 10 日早晨，天空飄著細雨，維多利亞不到九點就醒了，迫不及待的想見她的新郎，就立刻寫了一張便條給亞伯特：

你今天好嗎？你睡得好嗎？我昨晚睡眠休息夠了，因此今天我覺得非常好。天氣好糟，但我相信雨勢終會停止。當你，我最親最愛的新郎，準備好的時候，請捎個訊兒給我。

永遠忠實的維多利亞

　　然而，天氣並未好轉，雨越下越大，風也越刮越強，街上仍有大批趕熱鬧的群眾，前來觀看王室儀隊由白金漢宮一路遊行到聖詹姆士宮的盛況。

　　婚禮在聖詹姆士宮的王室教堂舉行。儀式隆重簡單，禮成之後，新婚夫婦準備去度蜜月。

　　亞伯特原本期待一段較長的蜜月旅行，好讓兩人有較多的相處時間。無奈責任感重的維多利亞，堅持縮短假期。她肯定的表示：

　　「你忘了，我的親密愛人，我可是一國之君，我所掌管的事，不會為任何緣故暫停。每天都有重要的事情發生，國家可能隨時需要我，如果我不在，我會感覺不安。因此，離開兩三天已嫌太長。」

　　新婚夫婦從溫莎堡出來的沿路上，兩人的馬車遇到空前眾多

圍觀的人群。看到嬌小優雅的女
王，旁邊伴著高大英俊的王子，
群眾的心裡充滿希望。英國歷史
上最快樂也最成功的政治婚姻於
焉展開。

4 女王伉儷

　　性喜簡單的維多利亞，蜜月旅行的排場也同樣樸實，布衣舊履，輕車簡從。相較於英國歷代諸王的奢華、浪費，維多利亞女王的簡樸，的確讓她的臣民耳目一新。

　　此外，維多利亞深愛亞伯特，這在英國王室婚姻中也極不尋常。以往君王在選擇婚配對象時，很少有情感上的考量，政治聯盟的重要性遠超過與配偶之間的情愛，王室婚姻不忠的現象亦比比皆是，因此在英國人民心目中，歷代英國君王多半是荒淫無道之人。

　　維多利亞與亞伯特卻帶給英國人民完全不同的印象。當新婚夫婦的馬車經過，看到兩人鶼鰈情深的愛戀與契合，英國人民莫

不重新燃起對王室與王位的敬重與期待。

新婚光景

與世上所有的夫妻相似，維多利亞和亞伯特剛結婚的前幾個月，兩人對彼此的適應使生活充滿挑戰。尤其維多利亞與亞伯特是兩個非常不同的人。

維多利亞感情豐富且勇於表達，她時常向亞伯特表白自己對他強烈的情愛。她喜歡跳舞、看話劇、參加宴會；她愛倫敦，也習慣晚睡晚起的生活。

亞伯特則是一個保守的人。他嚴肅、認真、用功；他喜愛鄉村的寧靜及早睡早起的規律生活。他覺得宮廷的盛大宴會枯燥難耐；時常，維多利亞在晚宴中歡悅的跳舞時，亞伯特卻坐在角落裡打盹。

亞伯特喜歡邀請一些科學

界、文藝界的名流到宮裡來，聽他們談話、與他們交換看法。但是維多利亞卻對這類的聚會，一點也不感興趣。

儘管如此，維多利亞與亞伯特仍有許多共同的嗜好。騎馬、欣賞音樂、跳舞都是兩人最愛一起做的活動。亞伯特原本並不擅長跳舞，他學舞全是為了維多利亞。現在他跳舞時的優雅與嫻熟，證明他也頗有舞蹈才華。

有亞伯特朝夕相伴，新婚的維多利亞是快樂而滿足的。

亞伯特卻是不快樂的。

在家裡，維多利亞完全不讓他插手宮內的事。

自從維多利亞當上女王，麗貞的權力大增，她不僅處理女王的私人信件，還當了官邸的總管。亞伯特很快就察覺自己並不是一家之主，他與維多利亞的生活全要受麗貞監督，沒有麗貞的

同意什麼事都不能做。而維多利亞因為信賴麗貞，對這樣的情況絲毫不覺得不妥。

維多利亞也不讓亞伯特接觸任何政務。

墨爾本不僅是首相，還是女王的私人祕書，掌控國家所有的政務。「女王丈夫」的職責，在英國憲法上缺乏說明，因此亞伯特在國家事務上毫無地位。維多利亞曾對亞伯特表示：「英國人對於外國人介入本國政治是非常排斥的。」她的意思很明顯：「國家大事有我和墨爾本兩人處理，就夠了。」

由於沒有什麼重要事情讓亞伯特發揮他的才能和精力，以致他覺得生活缺乏重心而落落寡歡。

亞伯特抑鬱的處境，多虧一件事情才終獲好轉——維多利亞懷孕了。

維姬出生

維多利亞在懷孕初期，竟意外的遭到生命威脅。

有一天，她和亞伯特坐敞篷馬車外出，路旁一位男子突然拿出手槍對她發射，一發沒中，又射一發。亞伯特趕緊拉住維多利亞伏下，圍觀的群眾則合力將刺客捉住。

那名刺客後來被送到精神病院，但是有許多人認為他是完全正常的*。

維多利亞在遇刺後，頗為冷靜，並沒有因此減少公開露面的次數，英國人民都非常佩服她的勇氣。這時民眾似乎遺忘了佛洛拉事件，遇到女王外出都會再度向她揮手歡呼。

人們也開始認同女王的外國丈夫亞伯特王子，佩服他臨危不亂，搶救維多利亞的英勇表現。

樞密院因女王遇刺，聯想到夏洛特公主不幸的往事，決定為未出生的王儲安排攝政。依照傳統，這個攝政者應該是王儲的父親——亞伯特。

1840 年 9 月，亞伯特王子在樞密院宣誓成為未來小王儲的攝政，隨即開始研讀英國的憲法與條例，漸漸的他擔負的行政工作越來越多，維多利亞對他的依賴也日益加深。

放大鏡

＊在維多利亞統治英國期間，曾有多次（1842 年兩次，以及 1849、1850、1872、1882 年各有一次）暗殺事件發生，每次都以刺客精神失常來判決。

維多利亞女王的刺殺事件，其實與英國對愛爾蘭的統治政策有關。愛爾蘭從 12 世紀起就被英國統治，16 世紀時英國政府設立「愛爾蘭議會」主管愛爾蘭事務，愛爾蘭獲得了自我管轄的行政權利。19 世紀初期，愛爾蘭議會被取消，愛爾蘭重歸英國管轄。失去自治權的愛爾蘭人民開始對英國政府產生怨恨與仇視的心態。19 世紀中期，愛爾蘭的激進分子成立了「芬尼安組織」，以「對抗英國統治、爭取愛爾蘭獨立」為訴求。據說，有多次刺殺女王的事件是與芬尼安組織有關。英國政府以較不具爭議性的「精神失常」來判決行刺者，可能是為了避免複雜的政治效應。

1840 年 11 月 21 日，維多利亞女王產下第一個孩子，是個健康的女嬰。

醫生宣布：「女王陛下，是個公主！」

維多利亞立刻回答：「沒關係，下次會是一個王子。」

女嬰被命名為維多利亞‧雅德麗‧瑪麗‧露伊莎，小名「維姬」。

社會問題

在維多利亞產後的恢復期間，亞伯特承擔了更多的女王職責，開始發揮他的影響力。

他從整頓白金漢宮的內務管理開始。

王宮內部，缺乏紀律，極端浪費的情況由來已久。亞伯特在宮內立了一些新規定，一步一步的推動改善，很快的就將宮廷內外管理得井然有序，令人耳目一

新，也節省許多無謂的開支。

亞伯特還注意到，英國在當時所面臨的一些社會問題。

早在 1830 年代，工業革命就已在英國如火如荼的展開。工業的急速發展，產生不少新都市中產階級（就是從農村湧入都市或進入工廠討生活的人們），也帶動了新城市的興起。然而，都市發展跟不上工業發展的步伐，各地只見房屋短缺、擁擠、汙穢、貧窮等困境。

經濟過度依賴工廠也帶來許多問題。

例如，農夫轉業成為操作機械的工人，一方面造成田地荒蕪、收入銳減，另一方面由鄉村湧進都市的人口遽增⋯⋯這些問題，均亟待政府訂定新法來妥善解決。

於是英國議會在 1832 年、1833 年相繼通過了「貧戶救濟法

案」＊和「工廠法案」＊。

同一時期，民權運動也在英國風起雲湧。民權運動者認為1832年通過的「改革法案」＊，對於選舉法的修正，做得不夠徹底，因此提出更多新的訴求。

這些現象和社會問題早在威廉四世時代就已出現，維多利亞即位後卻很少去關注它，這一點墨爾本多少要負些責任。

在許多方面，墨爾本是一位好老師，唯獨他較不關心窮人，因此在教導維多利亞時，將這些現象只簡略的帶過或根本不提，以致維多利亞無從真正瞭解當時英國人民的生活情形。

放大鏡

＊貧戶救濟法案　即政府設立濟貧協會，提供社會服務，照顧許多因工業化而失業或生活受到影響的人。

＊工廠法案　要求定期檢查所有的紡織廠；限制兒童工作時數；並規定兒童每天都要有數小時受教育的時間。

＊改革法案　使選舉權擴大到中產階級男士，英國有投票權的人數增加了一倍。

亞伯特則十分關懷勞工的生活，他甚至邀請當時最關注社會問題，並極力促成工廠法案的阿胥黎爵士，到白金漢宮商討童工問題的因應對策。他也時常提醒維多利亞，要多留意社會中不公平的現象，並做適當的改革。

女王的新顧問

這段期間，在議會中已退居少數的威格黨，執政操作愈來愈困難。迫於形勢，墨爾本首相於 1841 年 8 月請辭。

此時，「女王的顧問」這個角色，在不知不覺間已被亞伯特取代。

墨爾本注意到:「這和 1839 年那時的情況有著很大的不同。王子不僅事事清楚，而且頭腦聰明。」

在維多利亞執政初期，墨爾本是維多利亞全心依賴的顧問兼

老師。當年（1839年）他的辭職，曾令維多利亞傷心落淚，並極力反對接替他的勞伯‧皮爾。

沒想到這次政黨轉移，首相換人，交接過程一切順利。這都是由於亞伯特居間協調、不斷溝通的結果。

亞伯特告訴維多利亞：「在一國政治中，王權的地位是超然的。君王不宜參加任何黨派，理應同時代表兩黨。」

維多利亞順從他的觀點，一改以往偏袒威格黨的態度，敞開胸懷接納托利黨的皮爾首相，甚至還主動的撤換了兩名侍女。

亞伯特與皮爾個性相投，時常一起討論政治。亞伯特十分欣賞皮爾，認為他不僅聰明認真而且敏銳機智，這也間接影響了維多利亞對皮爾的看法。

威爾斯王子誕生

維姬出生之後一年，維多利亞果真生了一個兒子。

威爾斯王子於 1841 年 11 月 9 日誕生，取名亞伯特・愛德華，小名「伯弟」。他就是後來的愛德華七世，在 1901 年到 1910 年間統治英國。

亞伯特深愛他的兩個孩子，更關心他們的健康與成長。他參閱許多相關書籍，有了一套自己的育兒理念。

王宮內務總管麗貞認為宮內的嬰兒房屬於她的職權範圍，又想插手育嬰事務。亞伯特與麗貞兩人對於育嬰及小孩健康方面的看法，完全不同，因此常常發生爭執。

亞伯特不止一次向維多利亞表示對麗貞的不滿:「我很懷疑讓麗貞繼續照顧我們的孩子，是不

是「明智」。」但是維多利亞素來信任麗貞的能力，她也捨不得讓麗貞離開。

直到有一天，亞伯特從長途旅行回到家裡，發現小維姬臉色蒼白，病得奄奄一息，他積壓已久的怨氣終於爆發出來。他憤怒的告訴維多利亞：「麗貞一定得走。」

為此兩人劇烈爭吵，維多利亞含淚跑開。但是這次亞伯特不願讓步。

雖然在情緒上造成不小的衝擊，維多利亞最後還是讓麗貞走了。她給麗貞一筆豐厚的退休金，讓她回家鄉。

麗貞事件後，維多利亞寫下了她對婚姻的感言：「很多女孩認為結婚只是為了獨立和使自己開心——其實結婚與『獨立』恰恰相反——兩個人被放在一起共同生活，通常只有彼此讓步才能獲

得一個美好的婚姻。」有了這樣的體會，維多利亞更加採納亞伯特的意見。

「心愛的麗貞」走了，維多利亞的世界裡，最親密的人就是亞伯特了。婚姻初期的不融洽已成過去，生活變得無比和諧。維多利亞現在明白了，亞伯特讓她一眼即傾倒的，不僅是他俊美的外表，更是他豐富內涵所顯現出來的魅力。

「他真是太棒、太完美了。」維多利亞的日記中，再度溢滿了對亞伯特的讚美之詞。

奧思朋莊園

維多利亞夫婦越來越享受家庭生活，他們對溫莎宮的排場逐漸生厭，渴望有一個僻靜的休憩之處。維多利亞也不再那麼喜歡倫敦和一連串的宴會，她像亞伯特一樣，愛上了郊區的寧靜和悠

閒＊。經皮爾建議，他們在 1843 年買下了位於維特島＊的奧思朋莊園。

奧思朋莊園立刻成為王室家庭度假時的去處，在那裡，一家人可以穿梭林間或沿著海邊散步。亞伯特還特地重整房舍與花園，讓整個莊園更充滿家的溫馨氣氛。

於是，王室家庭一有空閒，就會從溫莎或倫敦來到這裡，享受美好的鄉居生活。

對此，英國民眾投以讚許的眼光，中產階級尤其高興，他們喜歡夫妻恩愛、婚姻美滿的家庭，他們也喜歡一個兼有王者之

＊ 19 世紀時，歐洲貴族除了位於城裡的住所外，多喜愛在郊區購置莊園，以便度假時可以享受寧靜的鄉居生活。維多利亞夫婦也不例外。他們同時有兩個住處——白金漢宮和溫莎堡。溫莎堡原是較安靜的居處。但在當時，維多利亞夫婦開始覺得溫莎堡已不夠僻靜了。因此，考慮往更遠的鄉間置產。

＊維特島　緊鄰英格蘭南邊，是位於英吉利海峽上的一個小島。

尊與高尚道德的家庭。女王的人氣再度升到頂點。

在當時英國人民的心目中，這的確是一個模範的王室家庭。它的核心分子——維多利亞女王不但舉止合宜，更盡全力維護良好的道德標準，因此任何醜聞無從沾邊、敗德壞行亦無由發生。

維多利亞女王成為一個新時代的象徵。18世紀的殘跡業已消失，取而代之的是責任、勤奮、道德、愛家。這些也反映在當時的家具形式上，桌椅的設計呈現出簡單、結實、優美、端莊的風格。維多利亞時代正處於全盛時期。

兒女成群

維多利亞前後生育了九個兒女，就英國的君主體制而言，堪稱貢獻良多。因為王儲眾多，有利鞏固君主體制。

　　繼維姬與伯弟之後，維多利亞陸續生了七個孩子。1843年4月25日次女愛麗絲公主出生，1844年8月6日次子奧弗列王子出生，兩年後三女海倫娜公主出生，又過兩年四女露伊絲公主出生。1850年三子亞瑟王子出生，1853年四子里爾博得王子出生，最小的畢翠絲公主於1857年出生。

　　維多利亞女王愛極了她的小孩。她的家庭和樂，充滿歡笑。亞伯特花在小孩身上的時間更多，陪他們捉迷藏或做馬讓他們騎。維多利亞曾描述:「他對他們真好，和他們一同遊玩、喧鬧，笑得好開心！」

　　維多利亞的九個兒女個性都不同。

　　長女維姬聰明認真，喜愛藝術，次女愛麗絲和藹親切，愛好音樂，三女海倫娜像男孩般好

動，有時會欺負弟弟，四女露伊絲長得漂亮，喜歡畫圖，最小的畢翠絲則很會撒嬌，逗父母開心。

長子伯弟脾氣很好，但有點口吃，次子奧弗列十分好動，常因做危險的事而挨罵，維多利亞最喜歡三子亞瑟，認為他最像亞伯特。亞瑟喜歡與軍隊有關的事物，也從小立志長大後要當軍人。

四子里爾博得沒有他的哥哥們幸運。他出生後不久，就被驗出患有血友病＊。維多利亞時常擔心他受傷，也隨時得注意他的安全。

放大鏡

＊血友病　是一種無法醫治的遺傳病。患者受一點傷就會嚴重出血。這種病只會出現在男性身上，女性會帶著病的基因但不會發病。維多利亞是第一個被發現帶有血友病基因的英國王室成員。其後，維姬、愛麗絲和畢翠絲也被驗出帶有血友病的基因。

　　維多利亞的心全都在孩子們身上。常常想到他們，外出時也儘可能帶著他們。她與亞伯特時常為了帶孩子們去動物園、馬戲團或是看戲，而讓他們請假。

　　但是王室夫婦並非全然的縱容小孩，他們要男孩學習農耕、建築及做一些雜務，女孩則要學會烹飪、縫紉及有關家政的事情；孩子們參加社交活動時也必須舉止合宜，如果表現不好，不論是出外或是在家裡，事後都會受到處罰。

倫敦博覽會

　　維多利亞女王還有一件值得稱頌的豐功偉業，那就是 1851 年的倫敦博覽會。

　　亞伯特王子從小對藝術和科學有濃厚的興趣，結婚後，他關注商業，更對英國的工業化印象深刻，因此「以博覽會的方式來

展現人類最新的發明」這個念頭在他的腦海裡醞釀了好幾年。

在這幾年當中，亞伯特仔細的考慮實現這個理想的諸多細節。計畫成熟時，便開始準備。準備的工作又花了兩年多的時間。

由於當時英國沒有一棟建築物能夠容納得下數以千計的展覽品，於是亞伯特決定在海德公園建造一座巨大的展場，並兼任該展場的建築設計師。但是，在整個籌備、建造的過程中，他遭遇許多的阻撓與困難。

亞伯特不屈不撓，十分有耐心的朝目標前進。為此他的健康受到很大的折損，他長期失眠，幾乎精疲力盡。

最後，用鐵柱和玻璃交織建造的巨大展場終於落成。那壯麗奪目的景象，令英國報紙一片讚嘆，將它譽為「水晶宮」。

1851 年 5 月 1 日，維多利亞為倫敦博覽會揭幕。當天她興奮的在日記寫下:「這一天是我與亞伯特兩人生命中最偉大、最榮耀的一天。我摯愛的亞伯特居功厥偉，將因它而揚名海內外。這是我的驕傲，也是我的喜悅。」

倫敦博覽會的展場占地二十六英畝，展品分成四大類——原料、機械器具、製造品及藝術品。總共有一萬三千九百三十七項展品，其中七千三百八十一項是來自英國和它的殖民地，其餘六千五百五十六項則分別來自四十個不同的國家。

各方送來的每一項展品，都是當時同類產品中最先進的。包括最新發明，如：火車頭、織布機、印刷機、電報機及照相機等。

此外，新奇食品如冰淇淋和果凍也能在這裡品嚐得到。這些

以往只有王室或貴族才可享用的食品，在這裡的售價就如同博覽會的門票，是一般民眾都買得起的。

參觀博覽會的人潮從世界各地蜂擁而至，尤其難得的是，它也吸引了一大批男女勞工，從英國各地坐火車前來參觀。

倫敦博覽會堪稱空前的成功。從1851年5月1日開幕到五個月後閉幕，共有超過六百萬人次來參觀過展覽或品嚐過美食。維多利亞更是幾乎每天都到場。

博覽會後，最高興的莫過於維多利亞女王，她的欣喜快慰之情清楚的顯露在日記裡：「亞伯特的名字將因完成博覽會的壯舉而永垂不朽。」

然而，維多利亞儘管喜悅，卻也不免憂心忡忡。亞伯特因為操勞過度，才三十多歲的他，看起來顯得既疲憊又蒼老。他還時

常抱怨胃痛，卻總是不願把工作步調放慢。亞伯特的工作狂熱，以及不顧一切的拼命態度，是造成日後他身體健康迅速衰退的主要原因。

外相帕默斯頓

1851 年可以說是維多利亞幸運的一年。不僅博覽會的成功使她名揚天下，多年來與她唱反調的外相※帕默斯頓，竟也如她所願辭了外相之職。

帕默斯頓是愛爾蘭貴族，年紀很輕即步入政壇。自 1830 年起，出任外相先後長達十六年之久。1839 年那一場令中國清廷備受屈辱的鴉片戰爭，就是當時英國外相帕默斯頓所發動的。

帕默斯頓擔任外相期間，還推動並促成英、法、普、奧、俄，五大歐洲強國簽署了承認比利時獨立，並永久中立的公約。

此舉可說是保障了英倫海峽的永遠和平＊。

1846 年政黨更迭，帕默斯頓接受新首相約翰‧盧梭的邀請，第三度出任外相。

帕默斯頓出色的外交謀略，使他頗受議會支持。但是維多利亞卻很不喜歡他。原因之一是兩人的政治觀點對立，時起衝突。而這份對立和衝突，又與當時暴發的共和運動＊有很大的關係。

19 世紀 40 年代，共和主義所引起的革命浪潮襲捲歐陸，許多歐洲王室都瀕臨被推翻的險境。

1848 年，戰火遍及德國、瑞士、奧地利、丹麥。維多利亞認

放大鏡

＊外相　英國政府主要首長之一。主掌外交事務。
＊如果比利時不是中立國，則任何控制比國所在地這片沿海平原的敵對勢力，都會對英倫三島構成巨大的威脅。
＊共和運動　即是共和主義，主張一個政權國家的元首，應是民選的總統或主席，君王的存在沒有必要，應當廢除。

為英國應儘速與這些王室聯合，對抗潮流，以維持歐洲王室的地位於不墜。

然而，這時她卻驚恐的發現，在帕默斯頓的主導下，英國對這些國家的外交政策，竟然是去支持造反的一方。

維多利亞非常憤怒。在她的嚴辭譴責之下，帕默斯頓才遲遲對這些國家的帝王領袖表態支持。

此外，帕默斯頓也曾多次不事先徵詢女王或首相的意見，就擅自作主、逕行裁決外交事宜＊。

「帕默斯頓的行為，實在太囂張無禮，也太藐視王權了！」女王對他十分不滿，幾度想撤除他的外相職位。

「我的行為，我可以自己向議會解釋。」帕默斯頓真正的意思是：「決定權是在代表民意的議會

裡，而不是在妳女王的手中。」

1850 年，維多利亞女王要求盧梭撤換外相。然而，帕默斯頓在議會有許多支持者，即便首相也無法要他辭職。

1851 年底拿破崙三世在法國恢復帝制，帕默斯頓又在未先徵詢獲得議會及英王同意之前，即率先提出保證英國對法國新皇帝的支持＊。

這一次，帕默斯頓的行為，引起首相及許多議員的不滿。盧梭與維多利亞終於有充分的理由，要他下臺了。

放大鏡

＊帕默斯頓對此種行為的解釋是：「每年經過外交部的急件有兩萬八千份，如果每一份都要先交給王室審閱，勢必造成嚴重的延誤。」

＊路易拿破崙發動政變的第二天，帕默斯頓未與任何人商量，逕向法國大使表示他贊成拿破崙的行動。兩天後，他接到盧梭首相轉來女王的指示：「英國政府在對法問題上應嚴守中立。」然而，帕默斯頓在接著給英駐法大使的正式文件中，仍重申他支持法國政變的立場。而這份文件也沒有給女王或首相看過。

　　帕默斯頓終於辭去外相職位，轉往內政部任職。由於新職與女王的接觸較少，兩人之間的摩擦總算平息了。

5

王夫的最後歲月

維多利亞與亞伯特都步入了中年。

那個原本優柔寡斷，對政治沒有太大興趣的年輕人，已經成為一個意志堅定，極為關心國事的男人。

維多利亞也不再是當初那位喜愛跳舞、熱衷宴會的少女。治理邦國的責任與日益擴大的家庭，使她成熟，也使她充滿了責任感與愛心。

勤奮工作

每天，天還沒亮，亞伯特就已經坐在他的書桌前，在那盞他從家鄉帶來的綠色檯燈下工作。

維多利亞也起得很早。她的書桌與亞伯特的並排，桌上總是整整齊齊的放著一疊公文，等著

她的批示和簽核。兩個人的一天就這樣開始，並在持續不斷的工作中度過。

早餐後，亞伯特或會見大臣們、祕書們，或協助維多利亞處理信件，或撰寫備忘錄。

維多利亞很重視亞伯特寫的每一個字句，並對他的意見全力配合。

有時候亞伯特會和她討論他的英文：「妳讀一讀這個，看看有沒有錯。」或遞給她一份文稿要她簽字，並說：「這是我替妳起的稿，妳看一看，我想這應該就行了。」

時光就在這樣勤奮、認真、專注的氣氛中度過。兩人用在娛樂和休閒的時間越來越少，社交活動也儘量減少，即使有，也只是點到為止。

兩人的外表也變了很多。維多利亞在接二連三生了九個小孩

後，原來嬌小的身材明顯發福，胖了好幾圈，亞伯特則是前額微禿，背部略駝，一副文弱模樣。他也胖了些，只是因個子高較不明顯。

寄情蘇格蘭高地

每年秋天維多利亞夫婦都會抽空外出旅行，暫時躲開倫敦惱人的政治問題和應接不暇的社交聚會。維特島的奧思朋莊園是個理想的地點，只是離倫敦還是近了些。要是能有一個遙遠而難以到達的地方，在那裡，可以過著不受干擾的家居生活，那該有多好！

維多利亞早年曾和亞伯特一起到過蘇格蘭，從那時起，她就愛上了蘇格蘭高地。幾年後，她再度前往，對高地的好感又加深了一層。

「有什麼能比得上大自然的

美呢！」在一次遊覽蘇格蘭高地時，維多利亞對高地的風景充滿了一連串的驚嘆！

亞伯特也很喜歡那裡。每當他置身丘陵高地和針葉樹林之中，他的精神就振奮起來，「真高興看到他那樣！」維多利亞也跟著覺得開心。

1852 年他們決定在高地置產，買了一座小城堡——貝摩洛。亞伯特還費了一番心思，將它重新裝修並擴建，增加很多房間，好讓全家旅居時可以住得寬敞舒適，遇有遠地朋友或高官來訪時，也能夠方便留宿。

蘇格蘭高地很快就變成王室夫婦最喜歡的去處。因為一來到貝摩洛，他們便能享受到在倫敦所沒有的自在。亞伯特喜愛花數小時徜徉其中，或遠足或狩獵。維多利亞則帶著孩子們野餐，或坐驢拉車去原野草地遊玩。

尤其難能可貴的是，維多利亞在這裡有機會接近許多高地的平民百姓，發現他們純樸、自然的言行舉止，與在倫敦宮廷往來的人物大異其趣，對比鮮明。

維多利亞不但愛上了淳樸、友善的高地人，也喜歡所有跟高地人有關的事物──他們的風俗，他們的服飾，他們的舞蹈，他們的樂器……。

在這裡，她可以暫時忘卻自己的女王身分，輕鬆自在的生活。

克里米亞戰爭

1850 年代初期，英國的氣氛非常緊張，因為英國很有可能捲入一場戰爭。

1853 年，醞釀多年的克里米亞戰爭＊終於爆發。

在「是否參戰」這項議題上，英國議會面臨一個兩難的局

面。他們不想涉入戰爭，卻又擔心俄軍勢力擴大，會對英國造成威脅＊。

議會內部激辯了許久。維多利亞雖一再表示她渴望和平的初衷，然而「立憲君主」無權決定戰事，議會才有參戰與否的決定權。

1854 年 2 月英國終於向俄國宣戰，並派遣軍隊加入聯軍，進攻俄國的克里米亞半島。

戰爭非常激烈，除了槍彈之

放大鏡

＊**克里米亞戰爭**　1853～1856 年，因戰場在克里米亞半島，所以稱克里米亞戰爭。克里米亞戰爭是由於俄國侵略奧圖曼帝國而引起的。

俄國從 15 世紀起即陸續征戰、吞併鄰國領土，它的侵略野心從未停止。1850 年代初期，奧圖曼帝國日趨衰落，奧俄邊界的俄國駐軍早已蠢蠢欲動，終於在 1853 年發動攻擊，占領奧圖曼帝國的摩爾多與瓦拉齊兩地。接著，俄國艦隊從塞瓦斯托包爾港出發，摧毀奧圖曼帝國在辛諾浦港的艦隊。奧圖曼帝國終於向俄國宣戰，於是克里米亞戰爭爆發。

＊如果俄國占領土耳其國土，便可輕易控制達達尼爾海峽（一個介於土耳其與歐陸之間的狹窄海峽，具有非常重要的戰略地理位置），對歐陸及英國的威脅就更大了。

外，疾病和酷寒更使得死傷加倍慘重。

維多利亞對於自己無法參與戰事的決定覺得遺憾，於是她設法減輕傷患官兵的痛苦。她以親自到醫院探訪他們，或邀請已經痊癒的官兵到王宮來看她等方式來安慰他們。

1855 年 1 月，政黨更迭，帕默斯頓在七十歲的高齡當了首相。當了首相後，帕默斯頓一改往日的急躁與專斷，比較尊重王室的立場與意見。而且在戰爭期間，他與女王立場一致，都希望英軍能很快的打勝仗。兩人的關係逐漸改善。

維多利亞對帕默斯頓的印象也略為改觀，她說:「他當外相時，真是有夠難纏的。現在他負責一切事務，首相的職位，他做得很稱職，對我也很尊敬。但我從未喜歡他。」

　　1855 年 9 月 8 日，俄國塞瓦斯托包爾港＊終於被英法聯軍攻下，俄軍戰敗。1856 年 3 月 30 日，俄國、奧圖曼帝國、英、法、奧地利、普魯士等國共同簽署巴黎和約＊，正式結束克里米亞戰爭。

印度兵暴動

　　克里米亞戰爭雖然結束，英國在海外的戰事卻沒有停止，只不過是更換了戰場。

　　1857 年 5 月，在印度的東印度公司＊的印度兵發生暴動，殺害很多當地的英國人。這個消息

＊塞瓦斯托包爾港　位於克里米亞半島南端，瀕臨黑海。

＊巴黎和約　此和約禁止俄國在黑海擁有艦隊和海軍基地，俄國對歐洲鄰國的威脅終於解除。

＊東印度公司　於 1600 年成立，原是英國商人為了開發東南亞及印度貿易而設立的商業機構，18 世紀開始介入政治，成為英國在印度施行殖民主義的仲介機構。

令整個倫敦瀰漫著憂鬱、憤怒的氣氛。

維多利亞對戰事仍是毫無決定權。然而這時的首相帕默斯頓對她很支持，只要她把自己的意願告訴他，他都會盡全力配合。

印度的暴亂一直到 1858 年 6 月才被弭平。該年底英國國會通過「印度法案」，解散東印度公司，將它在印度的控制權移交給英國政府。此後印度完全歸英國管轄。

這段期間，女王還要關注在其他地區發生的事。為了防守印度，英國軍隊被派到了波斯（今伊朗）；為了擴張殖民地，在亞洲有與中國的戰爭＊。在這些國際大事上，維多利亞持續向帕默斯頓陳述她的意見。雖然沒有實權，透過與首相的溝通，女王對

放大鏡

＊指英法聯軍戰爭，1856～1860 年。

軍事、外交的看法，都能獲得相當的尊重。

維姬結婚

維多利亞對帕默斯頓的信任，使她終於可以將注意力轉到自己的家庭上。而她也的確需要精力來應付兩件接踵而來的家庭盛事。

1857 年 4 月女王生下最小的女兒畢翠絲公主。緊接著在 1858 年 1 月，她的大女兒維姬與普魯士王位繼承人腓特烈王子結婚。婚後，維姬和夫婿相偕離開英國。

雖然嫁女兒不像生產那般疼痛，對維多利亞來說，卻也免不了焦慮與不捨：「真的是很殘忍，要父母親捨棄鍾愛的親生子女，眼睜睜看著她們離開快樂的家庭，遠嫁他鄉，離我們而去。」

數月後，當維多利亞獲悉維

姬懷孕了的時候，她更加憂慮。她心疼維姬才剛要適應新的環境和人、事，馬上又要忍受懷孕、生子的辛苦。

維姬的兒子威廉王子*於1859年1月出生。生產過程十分困難，維姬差點死去，嬰兒的左手臂也因受傷而永遠殘廢。

三十九歲的維多利亞，為自己當了祖母高興，也為女兒的健康擔心，尤其維姬在一年之內又很快的懷孕了。

亞伯特積勞成疾

女王也同樣憂慮亞伯特的健康。

自1861年年初，亞伯特的身體開始出現許多病痛，包括牙痛、胃痛和失眠，他也時常發燒

放大鏡

＊威廉王子　即是1914年第一次世界大戰爆發時的德皇威廉二世。

或風溼痛。雖然健康日益惡化，亞伯特仍勤奮如昔，不願減少工作量。

維多利亞看在眼裡，內心深以為憂。她在給維姬的信中提到：「我近來最擔憂的就是親愛的爸爸工作過勞，他快把自己給累倒了。」

亞伯特的外表也足以說明他的體況不佳。二十年前那個眼睛發亮、面容俊俏的翩翩美少年，已經變成一個膚色灰黃、疲憊憔悴的中年男子。他彎腰駝背、肌肉鬆弛，頭頂也已相當光禿。

反觀同齡健康的維多利亞，她雖也肥胖，但體態豐滿、精力充沛，全身上下顯露勃勃生機。

看到兩人之間強烈的對比，令人忍不住要祈求：要是有什麼魔法，能將維多利亞的精力灌輸一些到亞伯特那肥胖鬆弛的軀體裡，那該有多好！

肯特公爵夫人辭世

不只亞伯特的健康亮紅燈，維多利亞高齡七十五歲的母親，也生了重病。

自從約翰‧康瑞離開後，維多利亞就發現她的母親其實並不難相處。尤其在維多利亞有了孩子後，兩人共處的時間更多。肯特公爵夫人愈來愈愉快而隨和，她寵愛孫兒們，而維多利亞也時常向她請教養育兒女的意見，兩人間的親情益發密切。

所以，當 1861 年 3 月肯特公爵夫人突然生病且狀況不斷惡化，維多利亞非常焦慮。

在肯特公爵夫人的房裡，維多利亞跪在母親的病榻前面，吻她的手，將它放到自己臉上。

肯特公爵夫人雖然張著眼，但眼神空洞，似乎不認得她的女兒，甚至將她的手推開。

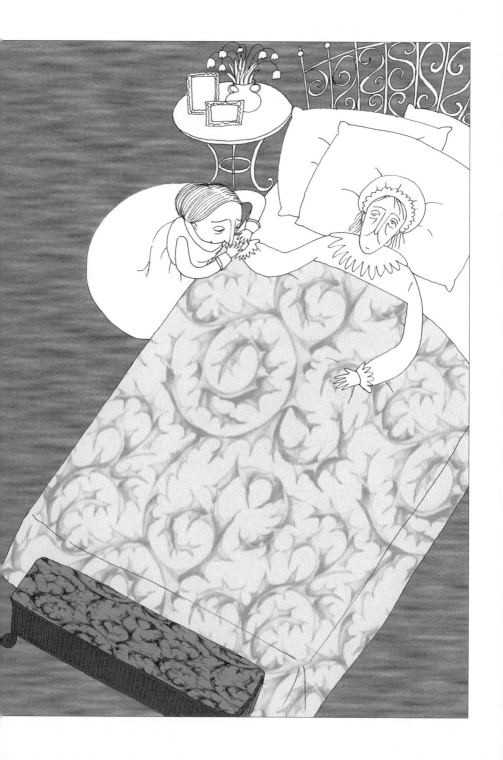

「她竟然不認得我！」維多利亞傷心至極，她奔出房外啜泣……

「醫生，還有希望嗎？」

醫生沉默的搖頭。

數小時之後，肯特公爵夫人就過世了。

維多利亞非常哀慟，也很後悔當年曾為了康瑞及其他的人、事，與母親反目失和。

維多利亞的悲傷持續了好幾個月，亞伯特很擔心，為了振奮她的心情，他決定帶她出去散心。

1861 年 10 月亞伯特陪維多利亞到她最喜歡的蘇格蘭高地去旅行。在山林田野間徜徉了幾天，維多利亞的心情逐漸開朗了。

沒有料到，當他們重返英格蘭時，又有一連串不好的消息等著他們。

伯弟誤觸情網

1861 年 11 月，英國王室接到電報，葡萄牙的佩德羅國王和斐迪南王子相繼死於傷寒。

英國王室與葡萄牙王室有姻親關係，亞伯特與佩德羅國王更是多年好友，驚聞惡耗，亞伯特頓時陷入哀傷的深淵難以自拔。

這時又收到一件令人生氣跳腳的消息：伯弟惹了麻煩。

年方二十正在劍橋大學讀書的伯弟，稍早曾在愛爾蘭都伯林接受一項為期十週的軍事訓練，當時他遇見一位年輕貌美的女演員妮麗，兩人迅速陷入熱戀，伯弟還擅自把她帶回溫莎堡。一時之間，傳聞甚囂塵上，兩人成了街談巷議的目標。很多人甚至開始擔心：「下一個王位繼承人，是否會像他的王室祖先們一般好色且生活放蕩？」

亞伯特十分生氣，立刻寫了一封措辭強烈的信給伯弟：「在我們偉大、權勢顯赫、篤信宗教的國家裡，你已不再是一個光榮的人物，反而變成一個品行墮落、傷風敗德的人。」

接著，亞伯特顧不得他那疲憊且飽受病痛折磨的身體，立即前往劍橋大學探視伯弟。

伯弟見到父親，誠懇的表示他的歉意與懺悔：「我能否請求您的原諒？我已與妮麗分手，我將永遠不再與她見面。」

父子倆在劍橋附近的鄉村小路邊走邊聊時，迷了路，直到天黑才回到伯弟的住處。這番折騰對亞伯特已然虛弱的身體，帶來致命的後果。

亞伯特如此來回奔波，加上深沉的憂傷、長期的勞累，回到倫敦後，竟然一病不起。

我絕不苟延殘喘

亞伯特回倫敦後得了重感冒。在接下來的一個星期，他越來越虛弱，越來越難受，但是他仍繼續工作。

恰好在那時，美國爆發了內戰，為了避免英國捲入戰爭，亞伯特拖著病體，用顫抖的手寫下他生平最後的一份備忘錄＊。

英國因此避免了一場戰爭，但是亞伯特的病況遲遲未見好轉，甚至更為惡化。他曾經告訴維多利亞：「我不是貪生怕死之徒。假如我的病情真的太嚴重，我會選擇放棄生命，我絕不苟延

放大鏡

＊英國因為跟美國北方諸州有劇烈的爭執，幾乎就要被捲進美國內戰了。當時的外相盧梭呈上一封措辭強烈的急件給女王。亞伯特看了，認為這份文件如果不加更動就發送出去，英國難免捲入戰爭。於是，他抱病寫下修改文件的一系列建議。政府接受了這些建議，文件的措辭變得和緩，和平解決了爭端，英國也因此避免了一場戰爭。

殘喘。」

　　亞伯特的話使維多利亞驚駭莫名，還好這時克拉克醫生的診斷讓她放下心來。

　　克拉克醫生認為亞伯特只是感冒，病情還不算嚴重。這番說辭也許只是為了安慰女王，然而維多利亞聽了，頓時覺得樂觀。她不斷的給自己打氣:「我想亞伯特應該很快就會好起來。」

　　權充亞伯特護士的愛麗絲公主，試著告訴母親不同的訊息：「我覺得爸爸病得很嚴重呢!」但是維多利亞沒聽進去，她甚至告訴帕默斯頓她的丈夫只是受了風寒。

　　維多利亞的樂觀，對亞伯特的病情毫無助益，他的健康情形每下愈況。

　　沒過多久，亞伯特已無法順利進食，更因病痛而終日輾轉難眠。他一下發冷，一下發熱，呼

吸困難，不時亂發囈語。

　　亞伯特的症狀很像傷寒，但是克拉克醫生認為亞伯特並沒有接觸到傷寒病源，因此仍斷定他只是得了腸胃炎。

　　隨著時間過去，傷寒癥狀愈來愈明顯。有人建議維多利亞聽聽其他醫生的看法，克拉克醫生卻堅持：「根本沒理由驚慌。＊」

　　但是亞伯特的病況越來越嚴重。最後，在帕默斯頓不斷寫信規勸、抗議之下，才請來了當時醫治傷寒的權威──華生醫生。

　　華生醫生一看到亞伯特的樣子，立刻明白自己來得太遲了。他診斷亞伯特得的是傷寒。

　　維多利亞不願面對這個令人

放大鏡

＊值得注意的是，亞伯特的主治醫生克拉克，也曾因佛洛拉事件，而被郝斯丁爵士要求女王將他撤職。讓人不禁想到：「如果當時女王真的將他撤職，或許亞伯特就能避免被誤診而死的命運？」

憎惡的結論，也一拒絕見華生醫生。

「為什麼要見他呢？克拉克醫生不是向我保證，亞伯特會好起來的嗎？」由於自己精力充沛，她無法相信亞伯特會抵擋不住這次的病痛。

臨終悲情

接下來是一段病情起伏，時憂時喜的日子，亞伯特時而略有起色，時而又陷入昏迷，弄得維多利亞每天緊張兮兮，害怕失去亞伯特的恐懼，緊抓著全身的每一根神經。

1861 年 12 月 14 日清晨，醫生探視亞伯特後，還很輕鬆的說：「王子今天的精神還不錯！」

沒想到，當天晚上亞伯特的病況竟急轉直下。

愛麗絲立刻通知所有的弟妹父親病危的消息，她也同時召集

所有的王室成員，到亞伯特的病榻旁。

此刻，亞伯特已經被移到喬治四世與威廉四世往生前所住的房間。

維多利亞步入房間時，室內的悲涼氣氛讓她一陣寒顫，蠟燭已燒到盡頭，醫生滿面愁容。

亞伯特的臉上與手上已現出灰黑的顏色，這個模樣讓維多利亞的心難過得揪成一團。

維多利亞俯下身子，亞伯特見到她，用德語叫她：「我的好妻子。」然後親她，摸摸她的頭髮，就又昏睡過去。

亞伯特再醒來時，他要維多利亞替他把家人及所有的僕人叫來。孩子們一個接一個過來，向父親作最後的告別。

這一天是 1861 年 12 月 14 日。維多利亞記下她看到亞伯特最後一面的情形：

「我到他面前彎下身對他說：這是你的妻子（德語），他點了一下頭。我問他是否要親我一下，他照做了。他看起來半睡半醒，十分安靜……我離開房間坐到地上陷入絕望。旁人試著安慰我，卻只讓我覺得更難過……愛麗絲叫我進去……我握著他已然冰涼的手，（雖然）他仍有些許微弱的呼吸……我在他身旁跪下來……他做了二到三次深長而均勻的呼吸，緊握了一下我的手，然後……一切的一切就都過去了。我站起來，親了一下他的前額，哀慟至極的哭叫出來：『啊！我的達令！』」

亞伯特過世後，維多利亞覺得自己的生命彷彿也隨著亞伯特的死而結束了。

6

孀　居

　　所有英國的臣民都在為維多利亞女王擔心。

　　有人說：「該怎麼辦呢？以後如果遇到大大小小的問題，有誰可以成為她的靠山呢？」

　　更有人說：「沒有了亞伯特王子，維多利亞女王要如何獨自過活呢？」

喪夫之慟

　　亞伯特王子於四十二歲的英年去世，維多利亞在震驚之餘，幾乎無法面對現實，但是她個性中的堅強和理智，還是讓她挺過了這個打擊，只是有時悲痛難忍，她會到亞伯特的房間抱著他的衣服放聲痛哭；有時她也會覺得莫名的憤怒。

　　維多利亞寫信給舅舅，向他

傾訴滿腔的悲憤與哀傷：「那個可憐的、八個月大就沒有父親的嬰兒，現在是一個心碎的、四十二歲的寡婦！我已了無生趣！我似乎已走到人世的盡頭。」

「亞伯特英年早逝，破壞了我們原本既單純又安寧的快樂生活。如今要我獨自一人過活，我是怎麼都不能接受的！生命在四十二歲就中止，這實在是太可怕、太殘忍了！」

「雖然亞伯特時常感嘆人生短暫，我卻堅信，上帝絕不會無情的將我們分開，祂會讓我們一起白頭偕老。」

起初，強忍喪夫之痛，維多利亞宣布她將繼續履行女王的職責。

然而，面對日積月累的公文、信件，她逐漸不知所措，同時覺悟到自己過去有多麼依賴亞伯特。現在他走了，再也沒有人

為她不厭其煩的起草備忘錄、回覆公文、與內閣大臣開會,她失去了一個最得力的助手、顧問兼導師,她要如何「單獨」一人治理國家?

女王的職責霎時有如龐然大物壓住心頭,她開始懷疑自己的能力,甚至想停止所有的官方職務。

她改口宣稱:「你們的女王正在服喪,她無法出席公眾場合,也不能會見內閣大臣。」

國會不接受這個託辭,堅持要女王至少參加內閣大臣的會議,維多利亞只好妥協。

於是在必須出席的樞密院會,維多利亞就獨自坐在隔鄰的房間,在那裡她可以聽到會議進行的聲音,卻不會被看到。同樣的,上教堂敬拜,她也會避開大門入口,進入教堂的偏間,坐在別人看不到的高處。

至於外出穿著上，她則用嚴肅、刻板的裝扮來讓自己顯得莊重沉穩＊。可是一回到家，她又立刻被那無盡的哀傷與淚水給淹沒了。

悼念亡夫

維多利亞的哀傷揮之不去，她深深的思念著亞伯特，想要留住所有與他有關的美好回憶。亞伯特生前用過的東西，她一樣都捨不得丟棄。

她派人將亞伯特在奧思朋的房間拍照，房內的每一件擺設，維持與他生前一樣。他的睡衣每晚要取出來放在床上，他的肖像畫要照舊掛在臥房的枕頭上方，他放懷錶的袋子也要放在老地方。

 放大鏡

＊維多利亞從此再也沒穿過黑色以外其他顏色的衣服。

　　她也親自收集、編排、出版亞伯特的演講稿集，並請人撰寫他的傳記。她還在溫莎堡附近為亞伯特蓋了一座壯麗的陵墓，在英格蘭許多城市樹立亞伯特的銅像與紀念碑，包括一座緊鄰倫敦博覽會場的亞伯特紀念碑。

　　當她沉浸在對亞伯特的追悼與思念時，孩子們都受到影響。

　　在母親的住處，他們不能露出一點兒快樂的樣子。愛麗絲公主與海瑟─但斯特＊的路易士王子於 1862 年 7 月結婚時，整個婚禮的氣氛就像是在辦喪事一樣的樸素、陰沉。

　　年紀較小的孩子開始出現一些癥狀。十二歲的亞瑟，曾在父親的葬禮中啜泣不止，至今仍是非常的自閉；九歲的里爾博得變

　　＊海瑟─但斯特　是 19 世紀位於德國西南部的一個小公國。

得較不聽話;時年五歲,一向快樂、喜愛吱吱喳喳講話的畢翠絲,則變得沉默而退縮。

漫長的服喪期

亞伯特死後第三年,維多利亞仍在服喪。她不僅沒出席許多重要的慶典,也不接見外國訪客。

1863年3月10日威爾斯王子與丹麥公主雅歷珊卓結婚時,整個王室內外毫無喜氣,所有的慶祝活動,包括王室的遊行隊伍……一律不舉行。

英國的製衣業、女帽業、針織業開始批評女王一成不變的黑衣服,給英國女性樹立了不良示範,因為她們模仿女王的服飾裝扮,也不再購買鮮豔衣飾。

民眾也議論紛紛:「女王長期過著不與外界接觸的生活,不僅使老百姓觀賞盛大、華麗場面的

機會落空，也對製衣業有不利的影響。」顯然，人民對她長期的隱居不出，已逐漸失去耐性。

　　外界的指責愈來愈多，一陣反對王室的浪潮掀起，報紙帶頭批評女王「不出席公眾活動、長期怠忽職守」，更有許多人建議女王乾脆讓位給威爾斯王子。

　　維多利亞氣憤而委屈，她覺得被誤解了，心情極不愉快。

　　她告訴人民：「女王不是因為悲傷而深居簡出，實在是因為工作量太大和健康不佳的緣故。」

　　但是維多利亞的解釋無濟於事，輿論與民眾仍不滿意。他們都認為：「女王有責任執行她的公務，也有義務要讓她的臣民看到她。」

　　里爾博德也警告她：「英國人是看重形體的，要他們繼續愛一個人，他們必須看到她。」這也是1865 年病逝的舅舅對她最後的關

照與提醒。

維多利亞儘管深感痛苦，卻不改作風，仍舊繼續她的隱居生活。

迪司瑞立

時光在哀傷與忙碌中流逝。帕默斯頓早已退休，約翰‧盧梭也已老態龍鍾，英國政治舞臺的主角換了人選。

新的一幕開始了，保守黨的迪司瑞立和自由黨的格雷史東，在舞臺中央相互較勁。維多利亞從她所處的最佳位置，饒有興味的關注著政局的演變。

1866 年保守黨成為多數黨，保守黨領袖迪司瑞立開始嶄露頭角。

迪司瑞立三十歲（1834 年）才從政。1841 年勞伯‧皮爾的保守黨在下院勝出之時，迪司瑞立滿懷理想、興致勃勃的向皮爾毛遂自

薦，想當閣臣，想不到被皮爾無情的拒絕，令迪司瑞立受傷頗深。

其後數年，他嚴厲抨擊皮爾的政策，導致保守黨分裂，皮爾下臺。

維多利亞與亞伯特由於敬重皮爾，故對迪司瑞立缺乏好感。亞伯特更率直的批評他：「全身上下，沒有一點紳士的氣質。」

亞伯特往生時，迪司瑞立寫了一封文情並茂的弔唁信給維多利亞，其中不乏對亞伯特長篇大論的歌功頌德。維多利亞深受感動，認為迪司瑞立是「唯一能正確評價亞伯特的人」。從此對他印象改觀。

1866 年保守黨成為多數黨，迪司瑞立被任命為財政大臣兼下院領袖。這兩個新職讓他能直接與女王聯繫、溝通，維多利亞對他的印象愈來愈好。

迪司瑞立用他的生花妙筆，每天將議院發生的枯燥、乏味事情，以活潑、生動的方式寫下來呈給維多利亞。頓時，女王繁重的案牘工作變得輕鬆可喜。

維多利亞以全然的信任回報他的忠誠。在她的支持下，迪司瑞立的保守黨在 1867 年成功的通過了第二個「改革法案」，為無數城裡的勞工階級男士爭取到投票權。

1868 年迪司瑞立成為英國首相。在首相職位上，他更是盡全力輔佐維多利亞。

維多利亞曾公開稱讚迪司瑞立:「當我們意見不同時，他總是知道如何處理。」

迪司瑞立終於深獲維多利亞歡心，成為她最喜歡的首相。

值得一提的是，迪司瑞立使維多利亞重新恢復對政事的熱情，也是將她再度帶回公眾生活

的大功臣。

這時候，共和思想方興未艾，人民殷切期待全面性的改革，遠遠超過保守黨能夠接受的程度，保守黨的民意基礎正逐漸流失。

1869 年，自由黨在下院普選中大勝，格雷史東成為新首相。

格雷史東

維多利亞對新首相格雷史東也不陌生。

格雷史東很早就以皮爾的學生身分，入國會實習。亞伯特很欣賞他，維多利亞也認為他「品德高尚且值得尊敬」，但是她並不喜歡他。

然而，格雷史東卻視維多利亞如同偶像一般，只是他愈尊崇維多利亞，他在女王面前的舉止就愈是僵硬而笨拙，甚至使他與女王的關係無法更加親密。

維多利亞甚至不喜歡他對待她的態度。她說:「他跟我說話的樣子,就好像是在做一場公開的演講。」

維多利亞對格雷史東的厭惡除了個人原因,也有政治因素。

在接下來的五年 (1869～1874 年)中,自由黨通過一連串的政改。維多利亞發現自己陷入改革造成的不安氣氛中。不僅數量暴增的公文使她精疲力竭,格雷史東冗長的說明,讓她愈聽愈糊塗,更令她惱怒的是,許多有關軍事方面的改變,全與她的意願相反。但是不論她如何反對,她完全無法阻止這些變革。

維多利亞對格雷史東的厭煩,使她才剛燃起的政治熱情很快熄滅。她以「健康不佳」的理由,不為議會開庭。

君主體制面臨危機

1870 年拿破崙三世覆滅、法國共和政府成立，英國社會中的民權思想受到激勵，共和主義大為盛行，而且似乎比 1848 年那次還要激烈。

在共和運動中，君主政體受到強烈的攻擊。

有人問：「政府用在王室身上的巨額花費，能為國家帶來什麼好處？」

也有人說：「我們的女王什麼事都沒做，政府還不是運作得很好。」

維多利亞的深居簡出正好給這些質疑，提供一個強而有力的把柄。

於是，許多人爭辯說君王的存在是完全沒有必要的，尤其為了維持它還要一筆很大的支出。

在這樣的情況下，維多利亞

為了「露伊絲公主與亞吉爾公爵的長子結婚，需要嫁妝與津貼」以及「亞瑟王子已滿十八歲，有必要增加他的生活津貼」這兩件事向議會申請撥款（王室子女的每一筆重要支出，都必須由議會批准）時，自是引起民眾的強烈抗議。

為了討好議員們，維多利亞同意在 1871 年 2 月為議會開庭。議案雖獲通過，人民抗議的呼聲、報上憤怒的指責仍持續不斷。

在這些劇烈而不愉快的攻擊中，格雷史東表現了他對女王與君主政治絕對的忠誠。他透過影響力，成功的使女王的撥款訴求全數獲得通過；針對王室的指控，他也竭盡所能運用他的辯才支持君王。他大獲全勝，所有反對女王的動議全被否決了。維多利亞鬆了一口氣，但她並沒有因

此而更喜歡格雷史東。

這或許是維多利亞一生中最難過的一段時期。大臣、報刊、民眾全都與她作對，整個社會對她既缺乏同情也毫無敬意，而她（君王）的存在更似乎是一件錯誤的事情。

如果維多利亞在70年代初期就與世長辭，世界輿論無疑的會認為她是個失敗者。然而她活下來了，並且掙得了完全不同的命運。

重拾信心

在共和主義的壓力下，維多利亞生病了。她的喉嚨發炎，手腳也腫了起來。

接著在 1871 年 11 月，威爾斯王子伯弟因感染傷寒而病倒了，全國大為驚慌。當伯弟在鬼門關前徘徊時，人們想起整整十年前，亞伯特王子死於相同的疾

病。整個英國，都在為王子的康復而祈禱。一直到 12 月 15 日，伯弟的病況才終於有了起色。

為了慶祝，伯弟與維多利亞於 1872 年 2 月參加在聖保羅教堂舉辦的感恩儀式。當兩人進入教堂時，如雷的掌聲響起。民眾不只雀躍伯弟的痊癒，也欣喜女王健康的恢復。人們似乎不再計較她先前的退隱，整個國家由同情逐漸恢復對她的舊愛。

兩天後，維多利亞乘馬車外出，又有刺客試圖奪取她的性命，民眾對此陰謀十分憤怒，也對差一點失去的女王感到無比的珍惜。

1874 年共和主義降溫，保守黨再度上臺，迪司瑞立以保守黨領袖的身分重任閣揆。這時他已經七十歲了。

維多利亞非常高興她喜歡的首相回來。

在格雷史東刻板的風格之後，迪司瑞立的處事輕快格外令人欣喜。她不再需要為那些複雜枯燥的事情苦苦思索好幾小時，迪斯瑞立總會用最簡明、有趣的方式向她解釋。

在國事上她的意見也備受尊重。迪司瑞立在議會中運用影響力，讓她的提議全數通過。這些提案包括「禮拜條例」＊、「解剖條例」＊，及「皇室頭銜法案」＊。

看到自己的提案全部通過，維多利亞的信心大增，國家政事再度成為她的樂趣所在。

放大鏡

＊禮拜條例　於 1874 年通過，即在英國教會中限制或禁止使用英國天主教的儀式，如「懺悔告解」、「俯首與抹去」等儀式。維多利亞擔心儀式若不加以管理，就會擴散而威脅到英國新教。

＊解剖條例　於 1876 年通過，即要求所有被當作研究目的使用的動物都要被人道的對待與處理。

＊皇室頭銜法案　於 1876 年通過，即是能合法的讓維多利亞女王獲得「印度女皇」頭銜的法案。

　　於是她聽從迪司瑞立的鼓
勵，逐漸從隱居狀態復出，以半
官方身分來到倫敦，訪問醫院，
出席音樂會，宣布議會開庭，檢
閱軍隊，頒發勛章……。

7 大英盛世

19 世紀 70 年代，帝國主義＊開始在歐洲盛行。受到影響，維多利亞也萌生了浮誇的帝國主義思想。

印度女皇

維多利亞想起在印度法案通過時（1858 年）迪司瑞立對她的建議：「陛下，您可以利用一些作法——成為印度女皇，讓您的聲名遠播。」

其時，歐洲已有三個皇帝：俄國沙皇，奧皇與德皇。維多利亞除了不想讓女婿——德皇腓特烈三世＊——的鋒頭勝過自己，她也認為英國不應從這一波創造帝王頭銜的潮流中被遺漏。

這差事理所當然就落在迪司瑞立的頭上。

　　不出迪司瑞立所料：「說時容易做時難。」他在國會提出「皇室頭銜法案」時，被猛烈的攻擊。但一如以往，迪司瑞立是既堅持又具說服力的，他終於成功的讓法案通過了。

　　維多利亞為嘉賞迪司瑞立的功勞，於 1876 年授他貴族頭銜——貝根費爾得伯爵。而維多利亞女王也於 1877 年被國會封為印度女皇。

　　同一時期，迪司瑞立還成就了一些不凡的事蹟。

　　在女王的授權下，他代表英

放大鏡

＊**帝國主義**　或稱為帝國主義思想，是一種政治主張或實踐，主要是通過奪取他國領土或建立經濟、政治霸權而凌駕於他國之上。

＊**德皇腓特烈三世**　德皇腓特烈三世即維姬的丈夫腓特烈。腓特烈 (1831～1888) 原是普魯士王位繼承人。北德意志聯邦國於 1866 年獨立，因普魯士是聯邦國裡最強大的，故由普王任德王。德王威廉一世於 1871 年改帝制，故腓特烈於 1888 年繼位時，為德皇腓特烈三世。

國與埃及交涉並買下蘇伊士運河的控制權*；1877年土俄紛爭*時，他運用外交策略，巧妙斡旋，和平的解決土俄紛爭，也成功的遏制了俄國勢力在巴爾幹地區的擴張*。

迪司瑞立的內閣於1880年結束時，維多利亞非常失望。她告訴他：「失去一個如你一般的首相，我的損失無法估計。你將永遠是我的朋友，一個可以依靠、信賴的朋友。」

一年後，迪司瑞立死於支氣管炎，維多利亞對他非常懷念：「很少有首相能如他一般的善良和忠心耿耿，也很少有朋友能像他一般的忠誠。」

1880年，格雷史東取代迪司瑞立再度組閣。

格雷史東及接下來的兩任內閣，令維多利亞相當厭煩。她對格雷史東在土俄紛爭時所持的立

場不滿；也反對 1884 年通過的改革條例＊，更不同意他的對外政策。隨著時間過去，維多利亞對他的不滿，終於變成極端的厭惡。而格雷史東則感到沮喪、困惑和屈辱，只得與她保持愈來愈遠的距離。

放大鏡

＊蘇伊士運河位於埃及東北邊，介於西奈半島與非洲大陸之間，為連接地中海和紅海的重要河道。1875 年，迪司瑞立代表英國買下埃及總督的股份，成為蘇伊士運河最大的股東，獲得運河的經營權。

＊「土耳其」(Turkey) 這個國名雖然是在第一次世界大戰之後才產生，但是「土耳其人」(Turks)、「土耳其的」(Turkish)……這些名稱卻是自 10 世紀就已存在。因此 1877 年奧圖曼帝國（土耳其人的國家）與俄國的再次紛爭，逕以土俄紛爭稱之。

＊1877 年土俄之間再度起紛爭。面對可能爆發的戰爭，英國政界又有兩派截然不同的主張。格雷史東公開抨擊土耳其是侵略者，女王與迪司瑞立卻堅持英國應支持舊盟友，他們認為：「俄國勢力增長，才是英國最大的威脅。」後來迪司瑞立運用外交策略，成功的解決土俄紛爭，也幸運的避免了一場戰爭。

＊此即為 1884 年改革條例，又稱第三次改革條例（前兩次是 1832 年和 1867 年）。由格雷史東所提出，他主張讓住在鄉鎮的勞工階級男士也能擁有投票權。

受歡迎的女王

一年又一年在忙碌中過去，歲月在維多利亞的身上留下了明顯的痕跡。

她的頭髮由黑變白，臉龐由成熟轉為老練，原已矮胖的身軀更加肥碩，走路時必須拄著枴杖緩慢的移動。

歲月也給維多利亞的生活帶來一連串的改變。

在短短幾年間，她接連遭受不幸的打擊。 1878 年她的次女愛麗絲與小孫女梅因白喉病逝； 1881 年，女王最忠誠的朋友迪司瑞立走了了， 1884 年維多利亞的四子里爾博得英年早逝，輸給了長期折磨他的血友病。人民眼看這位寡母為子女、為朋友哭泣，給予她越來越多的同情與關懷。

維多利亞自己也險些遭遇不測。 1882 年在溫莎火車站附近，

一個年輕人在很近的距離向她開槍，幸好旁邊一位男學生及時拿傘柄擊中刺客的手臂，沒有造成任何傷害，而嫌犯也立刻遭到逮捕。

由於維多利亞的威望日益增長，刺殺事件所引起的憤怒情緒特別強烈。

於是在持續的同情、憤慨中，人民覺察到女王存在的重要與不可或缺，維多利亞獲得了整個國家的關愛與忠誠。

維多利亞女王也同樣關心她的人民。

1883 年她讀到一本書，上面描寫英國貧民區的人們悲慘可憐的居住環境，令她想起亞伯特想要改善貧民生活的遺願。於是她開始督促政府設立官方機構，專門檢查都市中貧窮地區的衛生情況。在她的推動之下，「皇家住屋委員會」於 1884 年成立。

除了生活環境，她也設法改善勞工的醫療與照護問題，並從事一些人道關懷的訪視活動。例如到濟貧院的訪視，以及到女子監獄的探訪等等。

此外，她還參加許多慈善活動，這使得她的人氣更加提高。

1886 年大選，自由黨落敗，格雷史東跟蹌下臺，輪到保守黨的沙利斯貝瑞上臺執政。

維多利亞非常興奮，新的首相和執政黨讓她充滿希望，她的生活習慣有了巨大的改變，她不再隱居，甚至還積極參加公眾活動。

她出現在音樂會上、閱兵臺上，她參加破土典禮，為新工程放下第一塊奠基石，她到利物浦為國際展覽會開幕，她乘坐敞篷馬車經過倫敦街道，接受夾道人群的熱情歡呼。

不論到哪裡，她都受到熱烈的歡迎，這令她非常高興，也就做得更加的起勁。

領土擴張政策

維多利亞王朝最後的十五年中，沙利斯貝瑞當了十二年的首相。

這段期間帝國主義思想是英國政府的主要信仰，也是維多利亞的信仰。

維多利亞特別喜歡與沙利斯貝瑞分享有關英國領土擴張政策的看法。她認為:「大英帝國應該積極擴展它的統治遍及全世界，而成為一個真正的帝國。」她要英國的軍隊不僅占領印度，也要占領非洲。

在這樣的對外政策之下，大英帝國的勢力，伸展到了埃及、南非、甚至影響到中國、薩摩亞群島＊，及其他的地方。

不僅維多利亞十分清楚權力與領土擴增的意義和吸引力，英國人民也愈來愈精於此道。英國強大的權勢、日益遠播的國威，令驕傲的英國人更加的自豪。於是帝國主義思想不斷的滋長。

在這種氣氛下，英國人迫切的感覺需要一個象徵來表現英國的偉大與它卓越無比的權勢。王冠就是那個象徵，而王冠戴在維多利亞的頭上，於是隨著大英帝國的擴張，英國人民對維多利亞女王的崇敬之心，也達到了前所未有的高峰。

神奇的是，在女王漫長的執政期間，經過數次的民權運動與共和革命，君王的權力越縮越小，王冠的光芒卻越來越亮，而它所象徵的意義更是逐日擴大。

＊薩摩亞群島 （Samoa）位於南太平洋中的一個群島。

五十週年慶

1887 年是維多利亞女王即位的五十週年。這年 6 月英國政府舉行了一個莊嚴盛大的慶祝活動，吸引了來自世界各地的君王及王公貴族。

慶祝活動的高潮是壯麗的王室遊行隊伍，維多利亞由她的皇親國戚和高官顯貴們簇擁著，後面跟隨一大群裝扮光鮮華麗的外國君王、王子，一行人浩浩蕩蕩驅車穿過倫敦街道上熱情洋溢的人群，前往西敏寺做感恩禮拜。

在那舉國歡慶的時刻，人民以極崇高的敬意向她歡呼，公認她是全英國人民的母親，也是偉大帝國的象徵。

維多利亞的內心充滿了喜悅、關愛、感激、強烈的責任感與無比的驕傲。

當冗長的慶典儀式過去，維

多利亞回到白金漢宮，有人問她累不累，她說：「我很累，但是我很快樂。」

當天的慶祝活動還包括大型宴會、遊行、展覽。最後在深夜一場絢麗的煙火秀中結束。為了對女王暨女皇致最大的敬意，倫敦足足慶祝了一個月。

帝國聲威遠播　君王品德服人

接下來的十年（1888～1897年），英國達到空前的繁榮與安定。沙利斯貝瑞賢明的內閣，不僅給英國帶來財富、力量，也帶來安全、穩定。領土擴張政策更使大英帝國國勢強盛、聲威遠播，成為當時世界的第一富強之國。

維多利亞的晚年被成功和尊崇的光環籠照著。在她最後的歲月裡，她的聲望攀升到至高無上的境界。

維多利亞在家族中的地位也

達到頂點。她的子女個個都結了婚＊，後代人丁興旺。在她去世時，她的曾孫人數已超過三十七人。當時，在溫莎堡大廳懸掛著一張女王四代同堂的照片，五十多人聚集在溫莎堡的一個大房間裡，中間坐的那位就是維多利亞──王室的大家長。

老年的維多利亞溫和而慈祥，微笑曾一度絕少光臨那悲愁的臉，現在卻常常在她的臉上出現。她的藍眼睛帶著笑意，整個臉龐開朗柔和，顯出一種令人難忘的魅力。在她晚年，她的和藹可親之中有一種迷人的力量，使所有接近她的人都被她吸引。

在維多利亞統治末期，帝國

放大鏡 ＊除了露伊絲嫁給了國會議員，維多利亞的女兒全與不同國家的王子結婚。她的長子伯弟與丹麥公主，次子奧弗列與俄國公主，參子亞瑟與普魯士公主，肆子里爾博得與德國窩達克一披曼公主結婚。

主義的思想，使女王的威望扶搖直上。這種威望不僅是公眾思想變化的結果，也有來自維多利亞強烈的個人因素。

例如，她的高齡就足以使她理所當然的受到尊敬，而她也證明自己擁有值得讚美的品格——堅持到底——她已統治了英國六十年，而且她還在繼續統治著。

她的個性誠實、心思單純、情感豐富並且無拘無束的將它表達出來，這種真摯的情感流露令人印象深刻，也使她具有一種獨特的魅力。

她深具愛心，常到濟貧院、女子監獄去探視貧困、不幸的人民，也十分關心勞工的生活。她良善而親民，常說：「最終，上帝對一個頭戴王冠的或是一個農夫都將一視同仁。」

在人類所有品德中，「好」被公認是最佳的美德，維多利亞

在十二歲時就說過:「我會好好的做。」她沒有食言。責任、良知、道德一直是她生活的準則。她整天操持公務、管理家庭,她的人生是在認真的工作中而不是在嬉戲中度過。

品格和地位,以及兩者的奇妙結合,也許是維多利亞最後能深得人心的原因。

六十週年慶

到了六十週年慶(1897年),維多利亞女王已經比英史上任何一位君王統治的時期都長。慶祝活動比十年前更華麗壯觀。這次邀請的賓客不止是歐洲的君王,也有不少殖民地的代表。

當維多利亞的馬車經過時,街道上、窗戶邊、屋頂上,擠滿了一張張閃亮、歡愉的臉孔,而歡呼聲一直沒有止歇……

「他們對我多好啊!……他

們多好啊！……」維多利亞老淚縱橫，一遍又一遍的重複說著。

在慶典儀式中，維多利亞用新發明的電報，打了一段文字，瞬間傳遍了她的帝國:「親愛的百姓同胞，我從心底裡，誠摯的感謝你們。願上帝祝福你們！」而她收到的賀電也多到無法一一打開。

以維多利亞名義舉行的感恩禮拜在聖保羅天主教堂舉行。由於已經七十八歲，她的雙腿無力爬上教堂的階梯，所以坐在教堂外的馬車上參加感恩儀式。

從維姬的描述，我們彷彿也看到了當天教堂外美麗的景致：

聖保羅前的景象　　令人印象深刻
響亮的鐘聲　　自老舊的教堂傳出
人們的歡呼聲　　響徹雲霄
陽光照在車伕身上的佩飾
閃亮耀眼

那真是你所能渴望的
最美好的畫面

　　1901 年 1 月 13 日，維多利亞沒有在她從十三歲起即沒間斷過的日記上，寫下片語隻字。白金漢宮的告示欄上寫著：「你們的女王正處於她生命中最後的階段。」整個英國嚴肅沉默的等待著，她的子女與兒孫們群集至奧思朋莊園。維多利亞女王於 1 月 22 日在他們的陪伴下長眠，享年八十二歲。

　　維多利亞漫長的人生旅途走到了終點。她走了這麼遠，有著這麼多奇特的經歷，但她的步伐從頭到尾都是堅定有力。作為女孩，作為妻子，作為老婦人，她都一個樣：活力充沛、認真嚴謹、誠實坦蕩、自尊自信、單純簡樸，這是她持續到最後一刻的人格特質。

流芳後世

維多利亞女王是英史上執政最久的君王，也是第一個同時擁有女王與女皇名號的君王。她在位的六十三年，是英國最強盛的時期，大英帝國的疆土極度擴張，遍及亞洲與非洲，因此有了所謂「日不落帝國」*的稱呼。

維多利亞的九個孩子，和歐洲各國王室聯姻，以至於到了19世紀末，維多利亞成了「歐洲的祖母」。她的長子是後來的英王愛德華七世，長女成為德國腓特烈三世的皇后，而她的一個外孫就是後來發動第一次世界大戰的德皇威廉二世*。其他許多與德、俄、丹麥、挪威、葡萄牙等

放大鏡

＊日不落帝國　形容大英帝國的領土與殖民地遍及世界的每一個角落，太陽每天二十四小時都會照到。

＊德皇威廉二世　是維姬的長子威廉。

國王室聯姻的子孫，也在人類歷史舞臺上繼續扮演重要的角色。

維多利亞是一個令英國人民深深引以為榮的君王，全民看待她就像是一個大家庭中，一位年高德劭的家長。這正面的民意舒緩了可能發生的革命危機，更挽救君主政體免於敗亡。

她也將王冠所代表的意義，提升到一個崇高的特殊地位——一個偉大帝國的象徵。一個人們在危險時尋求庇護，在戰爭時尋求力量，在悲傷時尋求慰藉的地方。維多利亞女王將君主政體帶到一個新的時代，在這項成就上無人能出其右。

大英帝國到了維多利亞時代，君王一改數百年來腐敗糜爛的形象，成為德行的領導者。

維多利亞女王的良好品德和她長期的統治，使「維多利亞王朝風格」成為一個值得驕傲的專

有名詞，一個時代的象徵。它與
「完整的行為準則」同義，呈現
的是保守的道德觀和端正廉潔的
生活態度。

　　在這點上，維多利亞是整個
世界的楷模，她的生命也給後代
樹立了一個良好的典範。

1819 年	5 月 24 日維多利亞誕生。
1820 年	1 月 23 日父親肯特公爵病逝。1 月 29 日喬治三世駕崩，喬治四世繼位。
1824 年	母親肯特公爵夫人聘請露依絲・麗貞女士為維多利亞的家庭教師。
1827 年	二伯父菲得列王子去世，維多利亞的王儲排名因而上升到第二位。
1830 年	喬治四世駕崩，威廉四世繼位，維多利亞成為王位繼承人。母親肯特公爵夫人成為維多利亞公主的攝政。
1831 年	舅舅里爾博德王子成為比利時國王。
1832 年	第一次改革法案通過。貧戶救濟法案通過。維多利亞開始寫日記。
1833 年	工廠法案通過。
1836 年	5 月 24 日，亞伯特王子初次造訪英國，並與維多利亞公主在她的生日宴會上結識。

1837 年	6 月 20 日，威廉四世駕崩，維多利亞公主繼位。
1838 年	6 月 24 日，維多利亞女王的加冕典禮在西敏寺舉行。
1839 年	鴉片戰爭爆發。發生佛洛拉事件。第一次遭逢政黨更迭並引發侍女危機。10 月，亞伯特王子為探望維多利亞，再度到訪英國。
1840 年	2 月 10 日，維多利亞女王與亞伯特王子結婚。11 月 21 日，長女維姬出生。
1841 年	首相墨爾本辭職，勞伯・皮爾接任。11 月 9 日，長子威爾斯王子出生。
1842 年	麗貞女士退休。
1843 年	4 月 25 日，次女愛麗絲公主出生。
1844 年	8 月 6 日，次子奧弗列王子出生。
1846 年	三女海倫娜公主出生。
1848 年	推翻君主政體的共和運動在歐洲爆發。四女露伊絲公主出生。11 月，前首相墨爾本病逝。
1850 年	三子亞瑟王子出生。
1851 年	5 月 1 日，倫敦博覽會在海德公園的水晶宮開幕。拿破崙三世在法國恢復帝制。
1853 年	克里米亞戰爭爆發。四子里爾博得王子出生。
1856 年	克里米亞戰爭結束。

1857 年	4 月，五女畢翠絲公主出生。5 月，印度兵發生暴動。英法聯軍戰爭爆發。
1858 年	1 月，長女維姬與普魯士王子腓特烈結婚。6 月，印度兵暴動被弭平，印度法案通過，印度完全歸英國管轄。
1859 年	1 月，長外孫威廉王子出生。
1861 年	3 月，母親肯特公爵夫人病故。4 月，美國南北戰爭爆發。12 月 14 日，亞伯特王子因傷寒病逝。
1862 年	7 月，次女愛麗絲公主與海瑟－但斯特的路易士王子結婚。
1863 年	3 月 10 日，威爾斯王子與丹麥公主雅歷珊卓結婚。
1865 年	舅舅里爾博德病逝。
1867 年	第二次改革法案通過。
1870 年	拿破崙三世覆滅、法國成立共和政府。第二次共和運動爆發。
1871 年	1 月，德國威廉一世改行帝制。11 月，威爾斯王子感染傷寒。
1873 年	肯辛頓公園亞伯特紀念館揭幕。
1875 年	英國向埃及買下蘇伊士運河管理權。
1876 年	皇室頭銜法案通過。首相迪司瑞立被封貝根費爾得伯爵。
1877 年	維多利亞被封為印度女皇。

1878 年　次女愛麗絲公主與外孫女梅均因白喉病逝。

1881 年　最喜歡的首相兼好友迪司瑞立病故。

1884 年　第三次改革法案通過。皇家住屋委員會成立。四子里爾博
　　　　得王子因血友病過世。

1887 年　維多利亞女王即位 50 週年。

1897 年　維多利亞女王即位 60 週年。

1901 年　1 月 13 日，維多利亞女王在奧思朋莊園與世長辭。

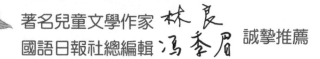

著名兒童文學作家 林良
國語日報社總編輯 馮季眉 誠摯推薦

一套充滿哲思、友情與想像的故事書
展現希望、驚奇與樂趣的
我的蟲蟲寶貝！

想知道

迷糊可愛的毛毛蟲小靜，為什麼迫不及待的想「長大」？

沉著冷靜的螳螂小刀，如何解救大家脫離「怪傢伙」的魔爪？

膽小害羞的竹節蟲阿比，意外在陌生城市踏出「蛻變」的第一步？

老是自怨自艾的糞金龜牛弟，竟搖身一變成為意氣風發的「聖甲蟲」？

熱情莽撞的蒼蠅依依，怎麼領略簡單寧靜的「慢活」哲學呢？

Let's Go!

隨著昆蟲朋友一同體驗生命中的奇特冒險
學習面對成長過程中的種種難題
成為人生舞臺上勇於嘗試、樂觀自信的主角！

國家圖書館出版品預行編目資料

王冠與品德：維多利亞女王／簡學舜著;倪靖繪. ——
初版三刷. ——臺北市：三民，2017
　　面；　　公分. ——(兒童文學叢書／世紀人物100)

ISBN 978–957–14–4769–8　(平裝)

1. 維多利亞女王(Queen of Great Britain, 1819–1901)
－傳記－通俗作品

784.18　　　　　　　　　　　　　　　　96009996

ⓒ　王冠與品德：維多利亞女王

著 作 人	簡學舜
主　　編	簡宛
繪　　者	倪靖
發 行 人	劉振強
著作財產權人	三民書局股份有限公司
發 行 所	三民書局股份有限公司
	地址　臺北市復興北路386號
	電話　(02)25006600
	郵撥帳號　0009998–5
門 市 部	(復北店)臺北市復興北路386號
	(重南店)臺北市重慶南路一段61號
出版日期	初版一刷　2007年7月
	初版三刷　2017年9月修正
編　　號	S 781970

行政院新聞局登記證局版臺業字第〇二〇〇號

有著作權‧不准侵害

ISBN　978–957–14–4769–8　(平裝)